곧 죽어도 외국계 기업으로 가라

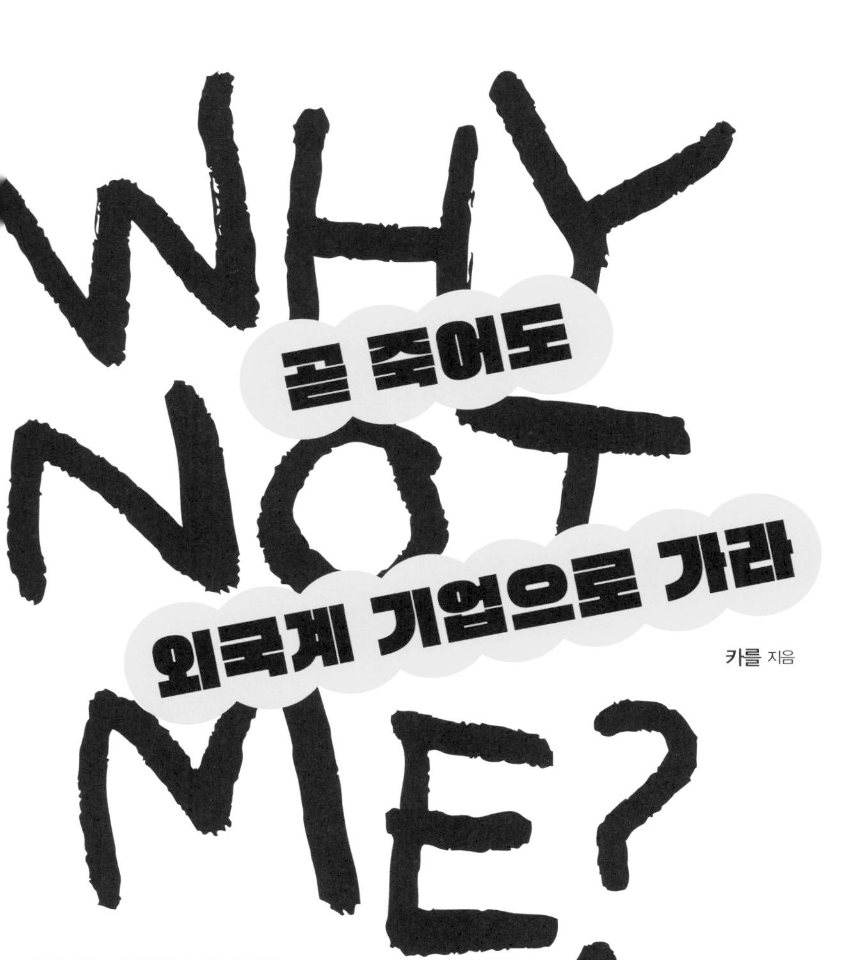

곧 죽어도 외국계 기업으로 가라

카를 지음

글로벌 기업들이 문과생인
당신을 찾는 이유

이담북스

저자 서문

처음 임원으로 승진한 날, 마침 한국에 와 있던 그룹 본사의 임원 몇 명이 축하 차 내 사무실을 방문했다. 여전히 영어가 서툴렀고…. 아니, 애초에 본격적으로 영어 공부를 해본 적도 없는 나는 본토 발음을 구사하는 그룹 본사의 최고위급 임원들을 '영어로' 상대할 자신이 없었다. 당황한 나는 바쁜 척이라도 할 요량으로 서둘러 책상 위에 있던 데스크탑 PC를 분해하기 시작했다.

곧 내 사무실로 들어온 그 선량한 백인들이 본 것은, 빼곡히 쌓인 축하 화분 속에 묻혀, 소매를 걷어붙이고 땀을 뻘뻘 흘리며 멀쩡한 새 PC를 분해하고 있는 신임 한국인 임원이었다. 덕분에 영어 덕담 몇 마디 듣는 것으로 사태를 벗어나긴 났지만, 어떤 예리한 외국인 임원 한 분이 사무실을 떠나면서 엄지척하며 영어로 한마디했다.

"와우! 직접 컴퓨터를 고치다니, 당신은 엔지니어 출신인가 보군요?"

가까스로 알아들은 나는 웃음으로 대답을 때웠다. '아니요, 문송합니다.'[1]

이 책은, 한국에서 인문학 계열을 전공하고, 전공과 관련한 기술이나 자격증이 없으며, 비즈니스 영어에 익숙하지 않고, 특별한 직장 경력이 없는, 그래서 더욱 취업이나 이직에 도움이 될 만한 외국계 기업 인맥이 없는 취업준비생이나 그들의 부모님들, 외국계 기업으로의 이직을 준비하는 분들을 위해 썼다.

여기에 등장하는 사람들은, 서울 소재 혹은 수도권, 지방대학교 등에서 문과 계열 인문학, 사회과학, 어문학, 경제/경영학, 법학 등을 전공하고, 다국적 기업들의 한국 현지 법인이나 해외 본사 등에서 성공적인 경력을 이어가고 있다.

---

1. 문과의 취업이 어려워지자 문과생들 사이에서 문과라서 죄송하다는 의미를 담아 새로 만든 말.

이 글을 읽는 당신이 만약 이공계 출신이거나, 해외 유학파이거나, 명문대 출신이거나, 해외 취업 경험이 있거나, 특별한 자격증이 있거나, 석박사급 고학력을 갖추었다면, 한마디로, 딱히 문송할 필요가 없다면 이 책은 당신을 위한 것이 아닐 가능성이 높다. 우리 주변의 평범한 문과 출신들이 더 이상 '문송할 필요가 없는' 외국계 기업에서 활약하는 이야기들을 담았기 때문이다.

경력에 대한 진심, 성실함, 도전 정신, 열정 외에, 무엇이 이들로 하여금 외국계 기업에서의 성공 스토리를 쓰도록 이끌었는지를 들여다보면서, 독자가 어떤 출발점에 있든 더 넓은 세계로 나가기 위한 준비를 갖추는 데에 도움이 되기를 기대한다.

추천 글

▷ 산업통산자원부 산하 (사)주한글로벌기업 대표이사협회 의장 **김경**

한국에 진출한 16,000여 개 외국계 기업에 도전하려는 인재들과, 전 세계 다국적 기업들의 문을 두드리는 모든 이들이 읽어야 할 단 한 권의 책이다. 또한 4차 산업혁명의 시대, 인공지능의 21세기에, 왜 세계적인 다국적 기업들이 기술보다 '콘텐츠, 스토리텔링, 창의력을 갖춘 문사철(文學 歷史 哲學) 인재'를 찾는가에 대한 답이다. 주한 다국적기업들의 CEO들이 어떤 인재를 원하는지, 그들을 어떻게 글로벌 리더로 성장시키는지에 대한 비밀스러운 답들이 모두 이 책 안에 있다는 것이 그저 놀라울 뿐이다.

▷ 주한외국기업연합회(KOFA) 상임대표 **James Mac Kim**

그 많은 한국의 문과생들은 어떻게 글로벌 기업들의 별이 되었을까? 이 책에 등장하는 수많은, 이른바 '문송이들'의 실증적 이야기에 그 답이 있다.
현직 다국적 기업의 고위 임원이면서, 한국 최초의 외국계 기업 취업 플랫폼을 연 저자는 그동안 만난 외국계 기업 재직자들의 생생한 이야기, 기술적 식견, 방대한 데이터를 모아 왜 문과생들이 외국계 기업에서 성공하는지에 대한 깊이 있는 인사이트를 제공한다. 그러므로 다국적 기업에서 꿈을 펼치고자 모든 이들은 물론, 인문학적인 감성을 가진 자녀들을 세계 무대에서 키우고자 하는 부모들에게 유일한 나침반이 되어 줄 것이다.

▷ 고용노동부 소관 (사)글로벌기업 인사관리자협회 사무총장 **김진규**

취업과 진로, 경력 개발의 갈림길에 서 있다면 고민 없이 이 책을 펴라. 한국에 진출해 있는 다국적 기업들의 HR에서 찾는 인재상, 선발기준, 개발 계획, 한국의 젊은이들에게 기대하는 모든 것들이 담겼다. 인터넷에 떠도는 엇비슷한 취업 방법론, 이력서 쓰기, 경력 관리하기 등과는 차원이 다른, 지금 이 순간도 한국의 외국계 기업에서 일어나는 생생한 모든 것들이 정교하게 정리되어 있다. 두말할 것 없이 당신을 세계의 직장, 지구촌 전역에 사무실을 둔 다국적 기업으로 안내할 유일한 북극성이다. 한국의 수많은 문과생, 인문학도, 직장인들의 인생을 바꿀 책으로 강력히 추천한다.

목 차

I 다국적 기업들의 문과생 인싸들

II 데이터가 알려주는 내게 맞는 외국계 기업

III 잘 나가는 외국계 문과생들의 이력서에는

IV 실리콘밸리로 가는 문과생들

V 슬기로운 외국계 기업 입사 준비

I

다국적 기업들의 문과생 인싸들

1

외국계 기업에 다니는 흔한 부부

75년생, 94학번, 올해 45세, 회사에서 케빈Kevin 팀장으로 불리는 김 팀장은 비슷한 또래들보다 다소 늦은 3년 전, 42살에 임원으로 승진했다. 다국적 기업의 임원이지만, 그는 여전히 정규직이다. 케빈 팀장은 올해 인센티브를 합쳐 2억 5천만 원의 연봉을 기대하고 있다. 물론, 리더십팀의 일원으로서 매년 본사에서 받는 연봉의 약 20%에 달하는 스톡옵션은 별도이다.

1년 터울 아래인 케빈 팀장의 아내 수잔Susan 상무 역시 유럽에 본사를 둔 외국기업의 한국 지사에서 근 17년을 일해 오고 있다. 필자는 몇 차례 케빈 팀장에게 농담조로 그녀의 연봉을 물었지만, 본인도 알 수 없다는 답변이 돌아오곤 했다. 다만, 회사에서 제공받는 리스 차량의 등급이 자신보다 높은 걸 보면, 비슷하거나 그 이상일 거라고 추측해본다.

케빈 팀장이나 그의 아내 수잔 상무 모두 소위 말하는 해외파가 아니다. 특히 케빈 팀장은 해외 MBA는커녕 어학연수나 교환학생 경험도 전혀 없다. 그저 인 서울In-Seoul 4년제 대학교에서 순수인문학을 전공한 것이 그의 아카데믹 백그라운드Academic Background 전부다. 만약 그가, 단 3개월이라도 해외 어학연수나, 워홀Working Holidays이나, 디플로마Diploma Certification나, 온라인 대학원 학위라도 있다면, 왜 그의 링크드인LinkedIn이나, 그의 페이스북 프로필이 휑하도록 비어 있겠는가?

직장생활 초기부터 외국계 기업에 몸담은 이 부부의 특별함은 무엇일까?

첫째, 둘이 합쳐 1년에 최소 5~6억 원의 수입이 들어온다. 통계에 따르면, 대한민국에서 2018년에 연봉 5억 원 이상을 수령한 기업인은 약 1,600명이다. 물론 미등기임원이나 일반 직원들이 모두 포함된 수치는 아니지만, 이 부부의 합산 연봉 총액이 한국 상위 연봉자 순위에 있음은 부인할 수 없는 사실이다.

관련 법률자본시장과 금융투자업에 관할 법률, 2013년 제정에 따라 연봉 강제 공개 대상인 초고연봉자들이 대부분 기업 오너의 가족 경영인이거나, 전문경영 CEO, 유니콘Unicorn of Startups의 창업자이거나 스타팅 멤버Starting Member 등으로 극히 제한되는 것을 감안하면, 이들이야말로 '이름 없는 초고액 연봉자'일 것이다.

또한, 여전히 외국계 기업에서의 연봉이란, 그저 기본급Basic Salary일 뿐이다. 옵션으로 따라오는 한국 및 본사 기준 인센티브들Local & Group Incentive Compensation, 장기/단기 스톡옵션STS & LTS이 주어지며, 온전히 본사 사업성과에 따른 이익 공유Profit Sharing은 당연히 별도이고 매년 지급받는다. 그 액수는 케빈 팀장 말처럼, 연봉 외의 수령액은 온전히 본인만 알 수 있을 뿐이다.

둘째, 이들 대부분은 정규직이다. 믿는 사람들이 별로 없지만, 여전히 많은 수의 다국적 기업, 외국계 기업의 임원들은 정규직으로 신분을 보장받는다. 우리나라 대기업은 물론, 대부분의 국내 기업들에서 '임원'이 '임시 직원' 신세인 것을 감안하면 이는 높은 소득에 이은 두 번째 장점이 아닐 수 없다.

통계에 따르면, 4년제 대졸자 1,000명이 대기업에 입사했을 때 그 중 4.7명, 오직 0.47%만이 임원에 오른다. 게다가 그 자리에 오르는 데는 평균 22년이 걸린다. 잘 나가고 촉망 받던 사람이 무려 22년간 회사로부터 인정받고 동기들을 압도하며 드디어 임원이 되지만, 불시에 '1년 임시직원 임원'이 된다. 애석하게도 이 임원의 1년 후 결과는 아무도 장담할 수 없다.

수잔 상무의 미래를 들여다보자. 그녀는 앞서 말한 유럽에 본사를 둔 다국적 기업의 한국지사에 경력직 대리로 입사했다. 그리고 입사 8년 만에 실장이 되었고, 이사를 거쳐, 이제는 상무AVP가 되었다. 경력직 입사이기는 했지만, 어쨌든 입사 8년 만에 임원 대우 포지션에 올랐다. 직원 신분으로 8년, 임원 신분으로 10년을 일하고 있지만, 그녀의 신분은 입사할 때의 정규직에서 바뀐 게 없다. 한국의 관련 법률에 따라 정규직인 그녀의 법정 퇴직 연령은 60세까지이다.

수잔 상무의 회사에서 계약직 임원은 오직 1명, 3년마다 계약을 갱신하는 CEO뿐이다. 그 CEO도 벌써 3번째 계약을 갱신하여, 곧 10년 차 CEO가 될 예정이다.

케빈 팀장과 수잔 상무가 혹시 지극히 예외적인 경우일까? 결코 그렇지 않다. 오히려 오랜 기간 습득한 업무 숙련도와 능력을 인정 받는다면, 정년 퇴직 연령인 60세에 도달하더라도 회사의 제안을 받아 2년이나 3년 단위로 계약하여 일할 수 있다. 이처럼 외국계 기업에서는 정년보다 더 오래 일하는 경우도 흔하다.

셋째, 더 큰 기회는 여전히 현재 진행형이다. 아직 40대 초중반인 이들 부부가 생각하는 기회란 다른 회사로의 이직이나 스카우트 제의를 뜻하지 않는다. 통상 많은 사람들은, 외국계 기업에 다니는 직장인들의 이미지를 잦은 이직과 이에 따른 연봉 인상, 그럼으로써 점점 더 짧아지는 경력 수명 등으로 치부하곤 한다. 그러한 통념의 배경에는 외국계 기업의 임직원들은 대부분 계약에 따라 고용과 해고가 자유로우며, 그러한 리스크 때문에 늘 이직의 기회 혹은 리스크에 노출되어 있다는 생각이 자리 잡고 있다.

그러나, 케빈과 수잔 부부의 사례처럼, 한국에 진출한 많은 외국계 기업은 이제 대기업의 면모를 갖추고 있다. 더욱 정확히 표현하자면 '다국적 대기업'이다.

이 부부는 적어도 4가지의 기회 요인을 인식하고 있는데, 1) 현재 몸담은 한국 법인에서의 승진 기회 2) 아시아/태평양 지역본부Regional Office로의 이동 3) 다른 외국 법인으로의 이동 4) 한국 내 동종 업계 국내외 회사로의 이직이다. 앞서 더 큰 기회라고 표현한 배경에는, 1번과 4번 기회만 가능할 한국 기업에 비해 2배 더 많은 기회가 실현 가능하기 때문이다. 이 부부는 외국계 기업에 다님으로써 분명 더 많은 선택지를 갖고 있는 것이다.

한때는 외국계 기업의 특별함이 오직 주 5일제밖에 없던 시절이 있었다. 한국에 주5일제가 도입되던 2002년 전후에는 '외국계 기업=외국인투자 기업'이라는 등식이 지배적이었다. 소위 SKY 출신 졸업생들이나, 해외여행 자유화 이후 어학연수로 무장한 높은 영어성적 보유자들이 앞다투어 국내 굴지의 재벌 대기업들에게 입사 원서를 내던 시절, 외국계 기업은 보수, 신분, 간판 등 여러 측면에서 특별할 것이 없었다.

그러나, SKY가 아니거나, 해외어학연수 경험이 없거나, 토익/토플 시험 점수가 보잘것없거나, 인문계 전공자임에도 외국계 기업으로 입사했던 이들의 상당수는 우리 예상보다 더 큰 특별함을 맛보고 있다. 아마도 90년대 학번인 이들은 이제 굴지의 다국적 기업의 한국법인에서 임원으로, 리더로 성장했다. 이들의 경력과 성공은 후배들에게 이렇게 열변하고 있다. 곧 죽어도 외국계 기업으로 오라고 말이다.

곧 죽어도 리더가 되라

HK로 불리는 최 대리의 명함에는 'Head of Operation Support' 라는 영문 직함이 선명하다

대학 졸업 후 입사한 지 5년 차, 그녀는 오퍼레이션 부서의 한 업무 분야를 이끄는 파트장이다. 동시에 상시 근무 직원 수 500명이 넘는 외국계 기업의 엄연한 리더이다.

HK 대리의 직장 생활과 비교하여 대부분 국내 대기업이나, 공공기관, 중견 기업에서 근무하고 있는 HK 대리의 대학 동기들과의 직장 생활은 무엇이 다를까?

HK 대리는, 다국적 기업의 리더십 팀의 일원으로 일하고 그에 상응하는 책임과 권한을 갖는다. 비록 7~8명의 작은 팀을 이끌지만, 본인 업무에 관한 한 최종 의사결정권자Decision maker이다. 수평적 조직 성향이 강한 회사에서, 협업하는 팀의 팀장이 설령 임원이라 하더라도, 대등한 위치에서 협력하며 일한다.

해외 본사나 다른 나라들의 같은 역할을 수행하는 리더와도 지속적으로 연결되어 일한다. 미국 뉴욕 본사나 중국 법인의 동료들에게 HK는 사회 경력 5년 차의 평범한 직원이 아니다. 그녀는 아시아태평양 본부 한국 법인의 Operation Support의 총 책임자이고 결정권로 인식된다.

이것이 HK 대리 본인에게는 무엇을 의미할까? 다른 그녀의 대학 동기생들과는 달리, 그녀는 일찌감치 리더·관리자·책임자로서 경험과 지식, 인적 네트워크를 쌓기 시작한다. 많은 사람들이 특정 업무에 있어 전문가로 인정받기 위해 많은 시간을 보내지만, 리더는 이미 전문가로의 인정을 전제로 하기 때문에, 그녀는 동기들보다 몇 배 압축된 경력을 쌓는 셈이다.

남들보다 이른 나이에 접하는 리더십 경험은 무궁한 확장성을 가져온다. 그 확장성은, 상위 리더로의 성장이기도 하고, 더 많은 팀을 이끄는 업무 영역의 확대이기도 하고, 혹은 다른 나라로의 이동Transfer이기도 하다.

HK가 직장 경력 5년 차임에도 리더가 될 수 있었던 과정을 살펴보자.

HK는 콜센터 지원 부서에 2년제 계약직으로 입사했지만, 팀에 TO가 생기자 그의 상사는 외부 채용 대신 HK를 정규직으로 전환해 주었다. 고객 센터 지원 업무는 높은 전문성이나 고도의 전략 개발을 요구하지는 않았다. 그 대신에 고객과의 접점에서 매일 일어나는 새로운 형태의 이슈들에 대해 그녀는 일종의 데이터베이스를 구축하기 시작했다. 이것은 처음에는 그저, 본인에게 접수되는 수많은 고객 문의, 서비스 신청, 개선점 요청, 때로는 민원이나 항의를 메모장에 입력하여, 비슷한 사례에 대한 처리 속도를 높이기 위함이었다. 그렇게 쌓아 놓은 고객 상담 이력을 엑셀로 모아 놓고 보니 대용량 DB가 되었다. 이를 바탕으로 보다 빠르고 능숙하게 고객을 응대할 수 있게 되었고, 수퍼바이저로서 한 단계 높은 포지션을 갖게 되었다.

그러던 중 마침 불어 닥친 이른바 RPA Robot Process Automation 등의 업무자동화 이니셔티브가 사내에 부상했을 때, HK는 본인이 체득한 경험을 바탕으로 고객센터에서 필요로 하는 콜타임, 자원, 조직 구성 등에 대한 의견을 개진할 기회를 얻게 되었다. 다른 여러 현장 영업 관리자가 의견을 말하였지만, 정형화 된 데이터를 보여주는 수퍼바이저는 HK가 유일했다. 이후 몇 개월 간 진행되는 업무자동화 프로젝트 일원으로 일하게 되면서, 그녀는 비슷한 시기 같이 입사했던 고객센터 상담원들과는 완전히 다른 경력을 갖게 되었다.

마침내 프로젝트가 끝나고, Operation Division에 'Operation Support'라는 작은 팀을 신설하게 되었을 때, 별도의 헤드카운트[2]

---

2. Headcount. 정규직 TO를 일컬음.

를 늘이지 않으면서도 이 신설팀을 가장 잘 이끌 수 있는 사람으로 회사는 누구를 지목했을까?

HK 대리가 팀장이 된 이후 첫 출장은 아시아-태평양 지역 소속 나라들의 Best practice sharing 모범 사례 공유이 주요 아젠더였다. 나는 HK가 단 한 번도 영어로 말하는 것을 보지 못했다. 그녀는 한국 대표로 참석한 미팅에서 본인이 지난해에 이뤄낸 혁신에 대해 성공적으로 발표할 수 있었을까?

물론이다. 누구나 한국에서 온 리더의 발표를 듣고 싶어 한다. 적어도 영어가 모국어가 아닌 아시아 각국의 참석자들은 HK의 한 마디 한 마디 발음을 주의 깊게 들으려고 노력했고, 거대한 화면속의 파워포인트의 다이어그램들과 숫자들은 그녀가 너무 많은 말을 영어로 할 필요가 없게 만들어 주었다.

HK 대리가 팀장이 되었다는 소식을 듣고 작은 화분 하나를 보내면서 그런 생각을 했다. 정규직도 아니고, 계약직도 아닌, 파견 계약직이라는 도급 회사 Outsourcing vendor 소속으로 일하는 고객센터 상담원들이 한국 기업에는 얼마나 많은가? 얼마나 많은 젊은 직원들이 학교를 졸업하고, 번듯한 직장 입사가 하늘의 별 따기라는 것을 깨닫고는, 노느니 잠시 일한다는 자기 위로 속에 콜센터나 서비스 판매직종에서 경력을 시작하는지 그 규모를 가늠하기도 어렵다.

만약 HK 대리가 국내 대기업의 콜센터에 파견계약직이나 시급제로 입사했더라도 5년 만에 한 부서의 리더가 되는 기회를 가질 수 있었을까? 외국계 기업의 실용성 중시 문화는, 상당 부분 직원 개인에 대한 선입견Perception을 희석한다. 많은 경우 외국계 기업의 HR 정책의 가장 중요한 모토는 '적합한 사람을 적합한 자리에 앉히는 것 Right person at right position'이다. 여기에서 적합한 사람은, 직원의 출신이나 공채 여부, 학력이나 기존 경력으로 선택되기보다는 바로 지금 그 일을 가장 잘 해낼 수 있는 사람을 뜻이다. 회사가 보기에 HK 팀장은 적합한 사람이었고, 내가 지금까지 만난 십수 명의 적합한 사람들이 지금도 여전히 맡은 자리에서 역량을 발휘하고 있다.

3

현장(Field)에 기회가 있다

가끔 뉴스에서, 보험설계사 출신이 보험회사의 명예직 임원이 되었다거나, 증권 회사의 영업사원이 명예 본부장 등의 직급에 올랐다는 등의 단신을 접한다.

다국적 금융회사들의 경우에는 보험설계사나 텔레마케터, 영업직군으로 경력을 쌓아 '진짜 임원'이 되는 경우는 드물지 않다. 심지어, 한국에 진출해 있는 다국적 보험사들은 설계사에서 시작하여 CEO에 오른 경우가 많고, 영업맨이 대표이사가 되었다는 식의 신문기사는 더 이상 업계에 있는 사람들의 관심조차 끌지 못한다.

한국에 진출해 있는 외국계 금융회사들의 주요 사업 목적은 매출 증대, 즉 영업 그 자체이므로, 설계사 신분이든 개인사업자 신분이든 자신의 회사 상품 판매에 두각을 나타내면 정규직 팀장이나 임원으로 발탁하는 경우가 많다.

저자가 직접 알고 있는 외국계 금융회사들에는, 회사에 정식 입사한 것이 아니라, 개인사업자 신분의 영업직군으로 시작하여 대표이사, 전무, 상무 등의 고위 임원으로 오랫동안 근무하고 계신 분들도 많다. 그중 한 분인 C 이사는 외국계 은행에서 디지털 담당 임원으로 근무하고 있다. 1년 전만 하더라도 보험설계사였다. 우리가 알 만한 국내 대기업 보험회사나 외국계 보험회사 소속이 아니라, 중소 규모의 법인대리점General Agency에서 여러 보험회사의 상품을 판매하는 일만 20년 가까이해 온, 그야말로 야전Sales Field의 보험 영업맨이었다.

C 이사는, 법인 고객들이나 중소기업 CEO들에게 여러 회사의 변액보험[3]을 판매하면서, 고객의 가장 큰 관심사인 각 변액보험의 수익률 자료를 한데 모아서, 보험사별/상품별 수익률 분석 자료 만드는 일에 많은 시간을 보내곤 했다. 투자 목적으로 변

3. 주식 등 투자 수익률에 따라 적립금이 달라지는 저축/연금 보험의 일종.

액보험을 구매하는 고객들에게는 상품별 수익율이 가장 중요했으므로, 고객들은 가급적 수백 가지 상품의 비교 분석을 원했고, 심지어 이 분석은 최신성을 요구하는 일이었다.

C 이사 역시 대학교에서 행정학을 전공한 문과 출신이었지만, 고객 프레젠테이션을 위한 자료 조사에 많은 시간을 보내야 했기 때문에 웹 서핑과, 텍스트 자료를 한데 모아오는 웹 크롤링 Web Crawling에는 능숙했다. 우연한 기회에, 여러 보험회사 상품의 수익률을 한데 모아 제공해주는 해외 보험사의 앱을 발견한 그는, 각 보험회사가 의무적으로 제공하고 있는 보험회사의 변액보험 수익률 자료를 실시간 real-time 으로 제공하는 앱을 스스로 만들어 사용하기 시작했다.

처음에는 본인만 참고할 수 있도록 만든 기초적 수준의 앱이었으나, 수익률을 시각화하고, 이를 다시 회사별, 상품별, 운용사별로 쪼개고, 주식이나 채권, 외환 변동률까지 조합해 볼 수 있게 개선해갔다. 그러자 이를 사용하고자 하는 주변의 설계사들이 늘기 시작했다.

회사의 점점 더 많은 설계사들이 이 앱을 사용하게 되면서, C 이사는 수백 명의 영업맨들로부터 이러저러한 개선점이나 추가 반영 요청 사항들을 듣게 되었고, 본인의 필요에 의해서라도 이를 차근차근 반영하게 되었다. 몇 달 후 C 이사는, 자칭 '맨주먹으로 만든 인공지능 수익율 분석 앱'을 갖게 되었고, 주변의 설계사들뿐 아니라 다른 법인대리점 영업조직에게도 1인당 월 1만원 정도의 사용료를 받기 시작하였다.

그는 얼마 후, 설계사가 아닌 정규직 디지털 팀장으로 모 외국계 보험회사에 입사하게 되었다. 그로서는 20년 넘는 개인사업자 설계사 생활을 마감하고, 처음으로 정규직 리더로 일하게 셈이었다. 그리고 다시 얼마 후에 이번에는 미국계 은행의 기업담당 부문에서 디지털 사업을 총괄하는 임원으로 이동하여 근무하고 있다.

C이사가 축적하여 상품으로 출시한 것은, 뛰어난 인공지능 앱이나 혁신적인 UI/UX의 모바일 어플리케이션이 아니다. 그가 출시하는 것은 '맨주먹으로 일군 영업 현장 경험'이며, 이는 어떤 회사에서나 환영 받는 상품이다. C이사는 그 자신이 영업 현장에서

쌓은 경험은 물론, 수많은 영업 인력들의 노하우와 필요를 축적 상품을 만들었다.

금융상품을 구매하는 고객이 무엇을 가장 중요하게 고려하고, 고객이 원하는 숫자와 인사이트가 무엇인지, 수십·수백 개의 유사한 상품비교 비교해서 갖는 경쟁 우위가 무엇인지 등 영업 현장에서 고객의 요구를 데이터화 하여 만든 상품은 재무나 전략 담당 임원들이 책상에서 파워포인트를 이용해서 만든 것과는 비교할 수 없을 강한 경쟁력을 갖는다.

물론 국내 기업들도 현장 경험과 노하우, 영업의 목소리를 중시한다. 아무리 디지털 시대라도, 필드에서 고객을 설득하고, 무수한 경쟁 제품들을 물리치고 고객으로 하여금 선택하게 하는 것은 아날로그적 현장의 힘이다.

그러나 외국계 기업들은 많은 경우에 있어서, 현장을 중시하는 것을 넘어서 그 현장에서 뛰어난 인재를 발탁하여 리더십의 맨 꼭대기에 올리곤 한다. 그 현장이 반드시 영업이 필요는 없다. 영업왕이 될 필요도 없다. 그저 그 현장에서 활동할 것, 현장의 데이터를 가장 잘 압축적으로 지식으로 다듬어 갖고 있을 것, 그리고 그 현장 데이터가 회사에 기여하도록 할 것, 이 3가지가 현장에서 경영진으로 가는 사다리가 된다.

나아가 대다수 외국계 기업들에 있어서 '현장'이라는 재질로 만들어진 이 사다리는, 경력, 학력, 인맥 등 그 어떤 형태의 사다리보다 더 튼튼하게 더 오래간다. 왜냐하면 현장이라는 자원 자체는, 이익 극대화라는 하나의 전략적 목표를 갖는 다국적 기업들의 관점에서는 매출 창출의 원천이면서, '현장 출신의 리더'는 더더욱 희소한 자원이기 때문이다.

4

외국계 기업의 언어는 숫자

1960년대에 미국 항공우주국 NASA에서 일하는 흑인 여성 수학자들의 실화를 다룬 영화 "히든 피겨스Hidden Figures"에 나오는 장면 하나를 살펴보자.

주인공인 캐서린 존슨은 흑인 여성으로는 매우 드물게 나사의 계산원으로 일하고 있었다. 그녀는, 미국의 첫 유인 우주비행 프로젝트인 머큐리 프로젝트의 일원이었으나 흑인과 여성이라는 두 가지 편견과 관습 때문에 말도 안 되는 차별과 멸시 속에서 최대한 존재를 숨긴 채 일해 왔다. 어느 날, 프로젝트에 중대한 문제가 발생하여, 주인공도 긴급 브리핑 룸에 그의 상사와 함께 들어가게 된다. 단, 아무 말도 하지 말고, 아무것도 묻지 말라는 지시를 받는다.

고위 정치인들, 장성들, 나사 최고의 과학자들 사이에서 실험 우주선의 귀환에 대한 격론과 논쟁이 이어지고, 마침내 최고 책임자가 묻는다.

"그래서, 우주선이 지구에 귀환하는 시간과 장소는 도대체 언제, 어디란 말입니까?"

무거운 침묵 사이로, 과학자들, 수학자들, 엔지니어들이 계산기를 두드리며 서류 뭉치를 뒤적거리는 동안, 마침내 주인공이 한마디 한다.

"귀환 예상 좌표는 XXX이고, 예상 시간은 M월 D일 H시 M분입니다. 확실합니다."

그녀는, 칠판에 본인이 암기하고 있는 숫자들을 나열하고, 이를 근거로 궤도와 회수 좌표를 제시한다. 시간이 한참 지나서야, 계산기를 열심히 두드린 다른 수학자와 과학자들이 그녀의 숫자에 수긍하고, 주인공은 당당히 프로젝트의 리더로 인정받고 일하게 된다.

다국적 기업 한국 현지 법인인 외국계 기업의 최고 경영진들과, 이들에게 보고 받는 그룹 본사 혹은 각 대륙별 지역 본부의 매트릭스 조직Matrix Reporting Line 상사들이 사용하는 언어는 '숫자'다. 고급 영어와 현란한 전략적 용어들, 멋진 슬라이드와 인포그래픽이 난무하긴 하지만, 여전히 그들의 관심사는 숫자이고, 숫자가 모든 것을 말한다.

어떤 팀의 리더가 있다고 하자. 그 팀의 리더가 CEO나 management team에 사업의 계획, 진행 상황, 결과에 대해 보고한다고 생각해 보자. 첫 페이지에는 오직 Dashboard라고 불리우는 핵심 KPI 지표들과 트랜드가 적혀 있을 것이다. 수치상으로 보여주는 실적이 좋든 나쁘든 간에, 리더에 대한 평가는 이 데이터들을 얼마나 이해하는지에 따라 결정된다. 오직 수치와 데이터 숫자들에 대한 질문만 쏟아질 것이고, 이 지표들이 나타내는 현재의 상황과 미래의 계획을 명확하게 설명하는 것으로 발표는 끝이 난다. 그 나머지 수십 페이지들의 텍스트들과 도형들은 그저 데코레이션이다. 아무도 관심 두지 않는다.

결과뿐 아니라 모든 의사결정 체계에서도 숫자의 역할은 외국계 기업에서 독보적이다. 이 말을 달리 표현하면, 숫자를 장악한다면 영어 등 언어의 장벽은 외국계 기업에서 리더로 성장하는 데에 큰 장애물로 작용하지 않는다.

숫자를 장악한다는 것은 어떠한 의미인가? '회사 외부 환경 경쟁사, 시장 변화, 고객 세그먼트과 회사 내부 현황 제품, 생산, 판매, 유통, 서비스 등 등에서 나오는 모든 활동을 숫자화하여 갖고 있는 것이다.

건강기능식품 분야 다국적 기업의 한국 법인의 QBR Quarterly Business Review, 분기별 실적 보고 미팅에서, 모든 영업 부서장들이 미국 본사로부터 실적 부진에 대한 심한 질책을 받고 있었다. L 과장은 영업기획팀의 일원으로 미팅룸 말석의 자리를 지키고 앉아 있었다.

목표 미달 사유로, 대부분 보고되는 내용은 시장 규모의 축소, 제품 생산 일정의 지연, 경쟁 격화 등의 일반적인 내용들이었다. 국내 기업의 정서로는 외부 환경이 그러하니 그럴 수 있다고 넘어갈 수 있는 문제들일 수 있지만, 수천 킬로미터 떨어진 글로벌 본사에서 한국 내 이러저러한 사정들을 이해하기란 쉽지 않다.

한국뿐 아니라 모든 나라들이 비슷한 이유로 목표 미달 원인을 보고하고 있을 테니 본사 입장에서는 모든 나라로부터 비슷한 변명을 듣고 있는 것뿐이다.

100여 페이지에 이르는 실적 보고서 중 첫 1페이지 논의에서 꿈쩍도 하지 않는 미국 본사 임원이 다소 짜증 섞인 목소리로 말했다.

"한국 팀들이 하는 얘기를 하나도 못 알아듣겠습니다. 그래서 지난 분기 목표 미달성 원인이 정확히 무엇입니까?"

'두 시간이나 설명했는데, 못 알아듣겠다니, 우리더러 어쩌라는 거냐….' 이러한 상사들의 표정을 읽은 L 과장이 마침내 나섰다.

"전체 시장 규모는 직전 분기 대비 50%나 줄어들었지만, 저희는 작년 동기 대비 30% 성장하였고, 경쟁사보다는 무려 150% 높은 실적을 달성하였습니다. 저희 회사는 30개의 주력 경쟁사와 비교해서도 이번 분기에 유일하게 성장한 회사입니다."

"정말입니까? 그렇다면 다음 분기는 어떻게 예상됩니까?"

"제품 공급이 1주일 지연될수록 목표 달성율은 2%씩 떨어지고, 도매상들은 매주 20개씩 이탈합니다. 본사의 가격 정책에 변화가 없다면 제품 공급 주기가 지금보다 50% 이상 개선되어야 남은 분기에 목표 대비 120%씩 하여 연간 목표를 100% 달성할 수 있습니다."

"왜 이 가장 중요한 얘기가 보고서에는 없는 겁니까? 당신 말이 맞다면 생산라인의 증설이 당장 불가능한 상황이니 가격을 경쟁사 수준으로 낮추는 의사결정을 해야 합니다. 지금 여기서 그렇게 하기로 결정합시다."

L 과장이 던진 메시지는 명확했다. "본사에서 당장 가격을 낮춰주지 않으면, 목표 달성은커녕 매주마다 우리 회사의 도매 파트너 20개씩 잃는 것을 보게 될 거야. 그 말은 내년에도 한국의 영업 목표 달성을 요원하다는 것이지." 아마도 현장을 가장 잘 알고 있었을 L 과장이 던진 이 숫자 메시지가 없었다면, 영업 담당 임원들이 호되게 질책만 받고 본사로부터 아무런 지원 약속 없이 해당 분기 미팅을 마쳤을 것이다.

L과장의 특기는 통계나 데이터가 아니다. 그가 영업기획팀에서 일하는 이유는 당초에 숫자에 밝아서가 아니다. 오히려 보고서, 특히 파워포인트를 잘 구성하는 장점을 인정받아 각종 자료를 담당하는 업무를 맡고 있었다. 그러나 결국 모든 영업이나 실적 관련 데이터가 그의 손에서 그래프나 텍스트로 만들어져 보고서가 나오므로, 그는 자연스럽게 중요한 숫자들을 기억에 담아둘 수 있었다. 영어가 서툴렀지만, 기왕에 보고서에 쓴 영어 숫자 몇 줄을 미팅에서 툭 던지는 것은 그다지 어려운 일도 아니었다.

본인이 다루고 있는 숫자에 대한 이해도와 정량화하여 말할 수 있는 확신, 핵심적인 숫자를 기억하고 있으면서 적시에 제시할 수 있는 것은, 외국계 기업에서 그 어떤 영어구사력이나 달변보다 더 가치 있는 재능이다. 이 재능은 숫자 보는 감각이 아쉬울 수 있는 문과 출신도 어렵지 않게 개발할 수 있는 영역이다. 간단하면서도 쉽게 훈련될 수 있는 방법은 별도로 설명하기로 한다.

5

군대는 공백이 아닌 경력으로

나의 'Resume'에는 군대 의무 복무 경력이 빠지지 않고 들어간다. 그저 한 줄 간단히 쓰는 것이 아니라, 어느 부대에서 어떤 임무를 하는 보직에서 근무했는지, 마치 2년간 다녔던 회사의 경력인 양 들어간다.

외국계 기업에 다니는 동안, 외국 임원들이나 동료들로부터 항상 받는 질문이 군 복무에 대한 질문들이다. 한국에 진출한 대부분의 선진국들에는 의무복무제도가 없어서 한국 청년들이 통과 의례처럼 겪어야 하는 군 생활에 대해 호기심을 갖는 것은 당연해 보이기도 한다. 그러나 많은 경우 군 복무에 대한 외국계 기업의 인정과 관심은 진심이다.

유럽에 본사를 둔 디지털 광고대행사의 동북아시아 총괄로 근무하는 Jerry의 전공은 사학이다. 그는 최근까지 베트남 현지 법인에서 4년간 근무하다가 한국 지사장 직함으로 돌아왔다. Jerry 역시 한국 남자로서 군대를 다녀왔고, 특이하게도 동티모르 파병 부대에서 근무하였다.

사병으로 해외에서 1년 남짓 근무하면서 여러 나라의 다국적군 혹은 평화유지군들과 지내면서, 제대를 하게 되면 외국계 기업이나 해외에서 근무하고 싶다는 막연한 기대를 갖게 되었다. Jerry는 군복무를 하는 동안과 그 이후에도 더 넓은 세상에서 일할 기회를 꿈꾸며, 스페인어나 불어 같은 제2외국어 공부를 시작하게 되었다고 한다.

일반 사립대의 사학이 전공인 그가 첫 취업문을 두드린 곳은, 한 외국계 광고대행사의 한국 지사로, 한국 현지 법인이 아니라 직원 열 명 남짓의 프랜차이즈 형태의 회사 이른 바, 부띠끄였다. 마땅히 내세울 외국어 점수나 유학 경험, 전공 지식도 없는 Jerry가 내세울 수 있는 것은 유일하게 군 복무 경험이었다. 그리고 취업 경쟁 상대들이 내세웠을 높은 토익점수, 인턴 경험, 사회봉사, 자격증 등등을 물리치고, 새내기 '광고쟁이'로 낙점된 지원자는 Jerry 였다. 그 이후, 그는 스페인과 홍콩에서 일할 기회를 잡게 되었으며, 아시아 시장 확장 전략에 따라, 기존 동북아시아 국가들의 책임자로 내정되었다.

"마땅히 헌신하고 희생해야 할 대상에 대한 로열티, 예기치 못했던 힘든 상황 속에서의 팀워크의 중요성, 그리고 무엇보다 어떤 경우에도 포기하지 않고 임무를 완수해 내는 책임감을 군에서 배웠습니다. 제 나이 겨우 20대 중반에 이러한 것들을 직접 몸으로 겪어 체득할 수 있는 기회는 군 복무가 유일했다고 생각합니다.

학교 동기들이 어학연수나 해외 인턴쉽 가고, 토익 점수 올리는 데에 열중할 때 저는 군 복무를 통해 고귀한 경험을 했다고 자부합니다. 군에서 배웠던 이 모든 것들을 입사할 회사에서 최대한 발휘하여 회사에 기여하게 될 것이라고 면접관들에게 호소했습니다."

그는 외국계 기업에 취업하는 과정과 경력을 쌓아 가는 데에 군 복무 경력이 큰 도움이 되었다고 말한다. 다른 사람과 달리 파병 근무의 경험도 그러했지만, 기본적으로 굉장히 터프한 광고 대행사 AE Account Executive의 업무 특성상, 한국과 해외에서 군 복무 경험이 있는 Jerry에 대한 리더들의 '긍정적인 선입견'이 그에게 기회를 준 것이다. 물론 군에서 갖게 된 제2외국어에 대한 동경이나 학습 의지도 그에게 더 넓은 기회를 준 것은 분명하다.

문과 전공자들이 국내 대기업이나 금융 회사들, 혹은 중견·스타트업 기업들의 취업문을 두드릴 때 겪는 가장 큰 핸디캡 중 하나는 내세울 만한 전공 관련 자격증, 포트폴리오, 기술이 없다는 점이다. 이는 이공계 졸업생들에 비해 취업에 사용할 무기가 상대적으로 빈약하다는 의미이다. 물론, 외국어 점수나 사회봉사 활동 등에서 어필할 수 있겠으나, 이것들은 이공계 출신들도 똑같이 가질 수 있는 것들이다. 따라서 문과 전공자들에 군 복무 경력은 외국계 기업 취업에 비장의 무기로 사용될 수 있다. 또한, 만약 이를 무기로 외국계 기업에 입사했다면 회사 생활 내내 이것이 장점으로 작용할 가능성도 그만큼 높다.

그것이 무엇에 대한 경험인지 곰곰이 생각해 보고, 나만의 경력 스토리로 짜 놓을 필요가 있다. 군 복무는 팀워크, 임무 완수,

체력과 정신력, 의지, 도전, 사회봉사에 대한 결정체이다. 대부분 모병제를 택하고 있는 글로벌 기업의 본사 임직원들 중 많은 수가 군 복무에 대한 존경심을 갖고 있을 뿐 아니라, 이 경험을 가진 청년들은 남다르게 회사에 기여할 가능성이 높다고 생각한다.

다른 경쟁자들의 그 모든 스펙을 압도하는 나만의 군 경력을 자랑스럽게 여기고, 최대한 활용하는 방법을 찾아 보자.

묻지도, 따지지도 않는 나이

연말에 두 친구를 만났다. 한 친구는 대기업 계열 금융회사에서 부장으로 근무하고 있었는데, 2년 연속 실적도 좋고 인사고과도 높게 받아 임원 승진 기대가 높았다.

"이번에 팀원으로 발령 났어…. 올해부터 그룹 본사 인사 정책이 임원 선임 연령 제한이 50세로 바뀌었대. 내가 내년에 50이니까, 임원 승진 제한에 걸린 팀장들도 팀원으로 보낸다는군. 이제 임금 피크 때까지 지금의 부하직원들 밑에서 팀원으로 일하게 됐네…."

또 다른 친구는 외국계 금융회사에서 초임 임원으로 근무하고 있었는데, 그 역시 이번에 강력한 경쟁자를 만나 원치 않는 보직으로 갈 것 같다고 걱정이었다.

"새로 신설되는 본부장 자리에 내가 갈 줄 알았는데, 경쟁사에서 다른 임원이 온다고 하더군. 그 양반 나이가 66세래. 66세면 은퇴하고 집에 가야지 왜 내 자리를 넘보는 거야?"

국내 대기업이나 공룡 스타트업들이 최근 MZ 세대들을 CEO나 고위 임원에 임명하는 것이 유행처럼 번지는 듯하다. 능력 있고 트렌드를 잘 읽는 젊은 경영인들에게 회사의 리더십과 미래를 맡기는 것은 좋은 일지만, 반면에 능력과 경륜에 상관없이 나이가 많다는 이유로 오랫동안 일해 온 직장에서 내쳐지는 일도 동시에 일어나는 것은 유감이다.

한 가지 확실한 것은, 외국계 기업에서는 첫 번째 사례 같은 일이 일어나지 않는다는 것이다.

"갑자기 올해부터는 나이 50세부터는 더 이상 임원이나 리더로 선임하지 않기로 했습니다. 그러니, 성과나 회사 기여도와 상관없이 나이 50이 되신 분은 모두 자리에서 내려와 주세요."

어느 날 글로벌 본사의 인사 정책에 이러한 메세지가 각 나라에 하달되는 것을 상상할 수 있을까?

반면 두 번째 사례는 외국계 기업에서도 어렵지 않게 볼 수 있다. 저자가 근무했던 회사들만 해도, 60세가 넘어서 일하는 한국 임원들뿐 아니라, 외국인 임원들도 쉽게 볼 수 있었다. 심지어 고령으로 인하여 일정 기간 건강상의 이유로 휴직했는데도 다시 회복하여 직장으로 돌아오는 분도 있었다. 한국 직원의 경우 취급규칙 혹은 단체 협약, 노동법에 의거하여 정년이 60세로 정해져 있다고는 하나, 60세에 서류상으로 정년퇴직하고 다시 계약직 형태로 형식으로 근무하는 사례도 드물지 않다.

외국계 기업의 장점이라면 나이가 어리고 젊다는 이유로, 혹은 연차가 부족해서 승진에서 누락되거나 팀장이나 리더에서 배제되는 일은 보기 드물다는 것이다.

한국에 진출한 외국계 기업들도 많은 경우에 노동조합이 있고, 임금단체협상에 의하여 연봉 인상율이나 승진 연한이 정해져 있는 경우가 많다. 그러나, 나이가 승진 시점에 영향을 줄 수는 있어도 팀장이나 임원으로 역할을 확대하는 것에는 대부분 제한을 두지 않는다.

예를 들어, 외국계 패스트 패션Fast Fashion 회사에 근무하는 Gina 팀장은 직급은 과장이다. 그러나, 높은 업무 성과를 인정받아 인사팀의 팀장으로 근무하고 있다. 이사나 부장들이 대부분 팀장 직함을 갖고 있기는 하지만, Gina 과장이 회사의 핵심 보직인 HR 팀장을 맡는 데에는 그녀의 직급 연차나 나이가 장애가 되지는 않는 것이다. 물론 팀장으로서의 역할을 훌륭하게 수행하여, 경력 연차에 따라 '차장 팀장'이 되면 좋겠지만, 외국계 기업들에서는 직급보다 직책으로 인정받는 것이므로, 그녀는 이미 리더십 그룹의 일원으로 높은 평가를 받는 것이다.

Gina 팀장이 이끄는 인사팀에는 그녀보다 나이가 대여섯 더 많은 팀원들도 있다. 그러나 국내 기업과는 사뭇 다른 이러한 나이의 서열의 역삼각형 구조는 외국계 기업 문화에서는 대수롭지 않게 받아들여진다. 그러므로 상호 간에 이로 인한 스트레스는 없다.

국내 대기업의 엄격한 서열 위주 조직 체계에서도 자신보다 나이가 어리거나 공채 연차가 낮은 후배가 능력을 인정받아 파격적으로 본인의 직속 상사로 오게 되는 경우가 드물지만 있는 것도 현실이다. 이러한 경우 나이 어린 상사나 나이 많은 부하직원이나 서로 어찌할 바를 모르고 팀웍을 해치는 일이 다반사로 일어난다. 이것은 아마도 국내 기업 정서가 여전히 나이와 입사 연차를 승진과 직급, 직책의 무게 중심에 두고 있기 때문일 것이다.

공채라는 채용 제도가 만들어 낸 국내 기업과 이로부터 자유로운 외국계 기업의 회사 생활의 장단점은 다음 장에서 살펴보기로 한다.

7

공채가 아니어서 행복한 이유

대화 # 1

“김 과장, 자네 이번에 해외사업부 1팀으로 발령 났지? 그런데 거기 팀장이 우리보다 공채 2기수나 아래잖아? 자네 뭐 사고 쳤어? 괜찮겠어?”

“내가 괜찮을 리가 있겠냐? 갑자기 공채 후배를 팀장으로 모시게 생겼는데…. 나보고 회사 그만두라는 거지. 딴 데 알아보든가, 내년에는 기필코 지방 근무라도 보내 달라고 해야지….”

대화 # 2

“김 과장, 자네 이번에 해외사업부 1팀으로 발령 났지? 그런데 거기 팀장 한참 입사 후배이고 나이도 많

이 어리다면서?"

"내가 그 팀장한테 받아 달라고 부탁했어. 우리 회사에 들어온 지는 얼마 안됐지만, 그룹 본사에서 근무한 경험도 있고, 이쪽 분야는 나보다 더 업계 네트워크가 넓어서 나한테 도움이 될 것 같아. 한국 법인에서는 내가 더 경력이 많으니, 서로 배우고 주고받을 게 많아서 좋지."

대화 #2에 등장하는 K과장은, 외국계 전자·의료기기 회사에 근무하면서, 본인보다 나이가 네댓 살이나 어리면서, 이제 회사에 입사한지 3년 차인 팀장이 이끄는 해외 영업 관련 부서로 자원했다. K 과장 역시 이공계 출신이 아닌 경제학도로서, 입사 후 줄곧 재무 및 회계 파트너에서 근무해왔지만, 본인의 개인적 적성은 영업이나 시장 개척이라고 믿고 있었던 터라 부서 이동을 틈틈이 노려왔었다고 한다. 그러던 차에, 마침 그룹 본사에서 근무한 경험이 있는 팀장이 이끄는 해외사업부에서 내부 채용을 한다는 소식을 듣자마자 그 팀장을 찾아가 본인의 장점을 어필하며 내부 이동에 성공한 것이다.

애초에 그 신임 팀장의 나이가 어리다거나, 본인보다 근무 경력이 짧다는 것 등은 고려 요소가 아니었다. 특별히 입사 서열, 나이나 호봉 등에 따른 인사 정책이 없는 다국적 기업에서, 내부 부서 이동의 고려 사항에 공채 기수 따위는 설 자리가 없는 것이다.

K과장은 영업 관련 부서로 이동하여, 나이는 어리고 경력은 짧지만 영업 분야에서 더 많은 경험과 다른 나라들과의 협업 시스템에 익숙한 팀장을 멘토로 삼아 더 성공적인 직장 생활을 해나가고 있다. 그의 팀장 역시 한국 내의 파트너 기업들과 벤더들, 물류 회사들과 일하면서 여전히 익숙지 않았던 '한국식 일처리' 등에 대해 K 과장으로부터 많은 도움을 받고 있다.

대화 #1의 장면은 공채 제도를 도입한 우리나라의 많은 기업에서도 이미 사라지고 있을 풍경이다. '공채 公採, 공개채용'를 문자 그대로 해석한다면, 사실 외국계 기업들도 모두 이 제도를 도입하고 있다고 할 수 있다. 비공개 채용 제도가 있기는 하지만, 이는 대부분 CEO나 고위 임원 대상이고, 일반 신입이나 경력직 직원들을 대상으로 하는 외국계 기업의 채용 절차 역시 공정하게 투명하게 이뤄지는 것은 우리나라 기업과 다르지 않다.

그러나 우리나라 기업들의 공채 문화는 정해진 입사 시험 날짜와 절차를 공개하고, 전국에서 동시 다발적으로 치러지며, 회사마다 이른 바 공채 기수라는 것이 존재하고 연공서열도 이에 따라 정해지는 게 일반적이다.

비록 수시 채용과 경력직 채용 등이 활성화되면서, 공채 기수 문화가 많이 사라졌지만, 여전히 이 시스템 내에 있는 구성원들이라면 대화#1의 상황을 받아들이기가 쉽지 않을 것이다. 자신의 부하직원 동기이고, 따라서 틈틈이 업무상 만나면 자연스럽게 하대반말하던 직원이 어느 날 갑자기 자신의 직속상관으로 온다는 상황을 가정하면, 본인의 전문성이나 경력에도 불구하고 다른 부서로 이동할 구실을 찾는 경우가 많이 있다. 결국 공채 문화가 체면 문제로 확대 생산되는 것이다.

공채 제도를 시행하지만, 공채 문화는 존재하지 않는 외국계 기업에서는 오직 시스템이 작동할 뿐이며, 그 시스템의 요체는 개인의 성과, 능력, 적성, 에너지, 경험 같은 것들이다. 공채 서열,

공채 기수별 승진자 수, 성과급 배분의 공채기수별 형평성, 특정 공채 기수에 대한 편의나 불이익 자체가 존재할 수 없는 이유이다. 또한 그들이 공채가 아니라서 행복한 이유이기도 하다.

잦은 이직이 덕목

저자가 직장 경력 7년 차인 Andy과장을 처음 입사 인터뷰에서 만났을 때, 그의 화려한 '이직 경력'을 보고 다소 놀라지 않을 수 없었다. 그 당시 Andy는 경력 5년 차로서 이미 7개의 회사에 다닌 이력이 있었고, 우리 회사는 8번째 직장이었다. 7개 회사들이 대부분 내로라하는 브랜드라는 점은 더욱 놀라웠다. 대표적으로 언급하자면 삼성, 씨티은행, 마이크로소프트, LG, IBM이었으니 국내 대기업과 외국계 기업들을 두루 거친 것이었다.

그는 수도권의 한 대학교에서 서반아어를 전공하였지만 주로 근무한 분야는 상품 마케팅 부서로 그의 어학 전공과는 무관했다. 긴 시간 인터뷰 끝에 나는 흔쾌히 그를 전략마케팅 부서로 채용했다. 아니, Andy 과장이 그의 8번째 회사로 우리 회사를 선택했다는 것이 더 옳은 표현일 것이다.

일반적으로 너무 잦은 이직은 '끈기 부족'이나 '회사에 대한 로열티충성심 부족', '조직생활 부적응' 등의 의심을 산다. 그래서 많은 회사들이 Resume를 받고 지원자를 스크린 하는 과정에서 자주 회사를 옮겨 다닌 경우는 인터뷰 대상자에서 배제시키는 경우가 많고, 설사 인터뷰를 하게 되더라도 입사 가능성을 높이기가 쉽지 않다.

그러나, 외국계 기업에 있어, 끈기는 개인의 취향일 뿐이고, 회사에 대한 로열티는 애초에 요구하지 않으며, 진짜 조직 생활 부적응자는 성과를 내지 못하면서 회사를 오래 다니는 직원, 소위 'Low Performer'이다.

외국계 기업은 많은 경우에 이들의 잦은 '이직 경력'을 산다. 그것도 높은 가격에 사는 경우가 많은데, 통상 이직 경험이 많은 지원자일수록, 그렇지 않는 비슷한 경력 연수보다 연봉이나 처우가 높은 경우가 많기 때문이다. 어쨌든 성공하는 이직의 장점 중 하나로 높은 연봉을 꼽을 수 있다.

회사가 Andy 과장으로부터 산 것은 그의 어학 능력이나 전공이 아니었다. 오히려 다양한 산업의 7개 회사에서 일한 경력이 '기존의 형식에 얽매이지 않는 기발하고 새로운 형태Out of Box'의 마케팅 개발을 준비 중이던 부서에 적합한 인재로 여겨졌기 때문이다. 그는 IT, 금융, 화장품, 무역, 통신서비스 등의 업계에서 일관되게 상품 기획과 상품 출시product launching 관련 업무를 해 왔었고, 이는 곧 다양한 고객 군에게 맞는 제품 개발 능력과 시장 진입 전략Go to market 경험을 갖고 있다는 것을 입증하는 것이기도 했다.

Andy 과장이 만약 1개의 회사에서 5년 동안 쭉 일해 왔다면, 평판 조회Reputation Check를 통해 그의 근무 성적이나 업무 태도가 우수했다는 점을 확인했더라도, 그가 우리 회사에 입사할 확률은 매우 낮았을 것이다. 채용 부서장의 입장에서 그의 이력서는 읽을 것이 없었을 것이기 때문이다. 하나의 회사에서 오랫동안 '끈기 있게' 일한 점과, 꾸준히 높은 인사고과를 받은 점은 분명 긍정적으로 평가된다. 그러나 단 하나의 회사에서 쌓은 경력과 경험만 보고 그 사람을 중요한 부서의 일원으로 선뜻 채용하기란 쉽지 않다.

게다가 문과생이라면, 더욱이 남다른 기술이나 제품 개발 능력 등을 기대하기 어려운 측면이 없지 않다. 오히려, 각각의 회사에서 매번 새롭게 적응하면서 그가 겪었을 어려움들, 예를 들자면 산업과 제품에 대한 이해, 새로운 사람들과의 팀워크 형성, 정보와 인적 네트워크의 제한들을 극복하고 다양한 산업, 제품, 고객에 대한 폭넓은 경험이 그의 장점으로 부각되는 것이다.

물론 외국계 기업에서도 잦은 이직을 덕목으로 보지 않는 경우가 있다. 바로 본인의 이직 이유를 설명하지 못하는 것이다. 혹은 이직 이유를 '제대로' 설명하지 못하는 것이다. 연봉이 적어서, 승진이 누락돼서, 일이 적성에 맞지 않아서, 새로운 도전을 해보고 싶어서와 같은 이유는 채용 부서장이나 인사팀에게 그의 이직 배경을 의심하게 만든다. 물론, 평판조회 서비스를 이용해서 정확한 원인을 알아볼 수는 있지만, 본인이 설명하지 못하는 이직 사유를 알기 위해 채용회사가 노력과 수고들 굳이 들일 필요가 만무한 것이다.

잦은 이직이 패착인 또 다른 경우는 일관성이 없는 행보를 보였을 때이다. 적어도 산업, 제품, 직무 중 하나에 있어서는 본인의 뚜렷한 전문성으로 남을 만한 일관성이 존재하여야 한다. 앞서 말한 것처럼 Andy 과장의 경우에는 그것이 일관된 직무의 연속성이었고, 동일한 직무를 다양한 산업에서 해 본 사람을 찾고 있었던 우리 회사에는 그만한 적임자가 없었다.

Andy 과장이 입사하여 근무한지 1년 남짓 되어가는 즈음에, 내심 그가 슬슬 이직할 때가 되었나 하는 생각이 들기 시작했다.

"Andy, 자네 이번에는 왜 이렇게 회사를 오래 다녀? 옮길 생각하는 거 아냐?"

"아니, 무슨 말씀을… 적어도 여기서 팀장은 달고 옮겨야죠. 맨날 사원으로 옮겨 다니는 것도 이제 한계에 왔어요. 이직은 이 회사에서 리더가 되면 생각해보려구요."

그의 말이 맞다. 경력 초반에 옮기든, 나중에 옮기든 이직에는 한계가 있기 마련이다. '이직 총량의 법칙'이 있다면, 외국계 기업에는 유독 그 총량을 남들보다 먼저 채워가는 인재들이 환영 받는 곳이라고 할 수 있겠다.

국경 없는 인맥

지방국립대의 문헌정보학과를 나온 Amy의 국내외 글로벌 인적 네트워크는 보는 사람마다 혀를 내누르게 한다.

COVID-19코로나19 이전에, 유럽 지역본부나 태평양 지역본부에서 이러저러한 이유로 한국 오피스로 출장이라도 오면, 모든 사람들이 감사팀에서 근무하는 Amy를 찾는다. 붙임성이 좋은 Amy는 마치 십년 전에 헤어진 절친이 긴 유학생활을 끝내고 한국으로 돌아온 것처럼 다른 나라의 동료들을 챙기고, 이야기를 들어주고, 퇴근 후 기꺼이 그들을 남대문이며 명동이며 쇼핑의 성지로 안내한다. 몇 년 전에는 동남아시아에서 한국에 출장 온 팀들에게 김 쇼핑 명소로 끌고 다니던 중, 일행이 소나기를 만나 내친김에 그들 호텔 숙소로 들어가 새우잠을 자고 다음 날 출근했다는 이야기도 들려왔다.

그러던 어느 날, Amy는 태평양 지역 본부가 있는 싱가포르에서 1년 프로젝트 제안을 받아 이동하게 되었는데, 알고 보니 싱가포르 프로젝트 팀원들이 한국의 Amy를 열렬히 원해서 가게 되었다는 후문을 들었다. Amy는 프로젝트가 종료된 이후에도 싱가포르에서 1년을 더 일했고, 지금은 홍콩 법인에서 Expat국외 거주 임직원 신분으로 정식 채용되어 근무하고 있다.

Hans는 호텔경영학을 전공했고, 해외 인턴 프로그램으로 북미지역과 호주의 호텔에서 1~2년 근무한 경력도 있다. 그러나 본인의 희망과 다르게 한국에 진출한 외국계 은행에서 Office Manger총무에서 계약직 사원으로 직장 생활을 시작했다. 아무래도 적성에 맞지도 않았지만, 4년 근무 후 정규직 전환이 되지 않아 자의 반 타의 반으로 은행을 떠나게 되었고, 작은 프랜차이즈 유학원의 지점을 내서 반강제로 창업까지 하게 되었다.

그러던 Hans가 지금은 글로벌 호텔 체인의 한국 법인에서 마케팅 담당 지배인으로 근무하고 있다. Hans가 외국계 은행에 다닐 때 함께 근무했던 팀장도 퇴사 후 그의 고향인 미국으로 돌아갔다가, 다국적 호텔 체인의 한국 법인에 CFO로 부임한 것이고, 그가 함께 일할 동료로 Hans를 추천했다는 것이다.

Hans는 호텔경영학을 전공한 데다가 해외 현지 호텔에서의 인턴 근무 경력도 있었고, 외국계 은행 지점에서 VIP고객 Concierge Service와 법인 고객 유치 상담 등의 경험도 있으니, 그의 옛 상사는 본인이 맡게 될 호텔의 마케팅 총 책임자로 그가 적임자라고 생각한 것이다. 물론, 은행에서 근무할 때의 지점 특성상 작은 20~30명의 작은 조직에서 4년이나 함께 일하면서 쌓았던 개인적인 유대 관계가 단단히 한 몫 했을 것이 틀림없다.

많은 취업 준비생들이 대기업을 목표로 삼는 이유 중 하나가 바로 '인맥'이라는 기사를 읽은 적이 있다. 대기업은 많은 인재들이 모여 있는데다, 사업 범위와 국내외 사업장도 많고, 문어발처럼 얽힌 계열사들로 인하여 광폭의 인맥을 쌓기가 용이할 것은 틀림없는 사실이다. 또한, 앞서 본 것처럼 공채 제도로 인한 입사 선후배 동료 간의 유대 관계는, 돈과 시간으로 사기 어려운 인간 관계를 형성해 주는 것은 대기업이 줄 수 있는 중요한 가치라고 할 수 있다.

그러나 '확장성' 측면과 인간관계의 '깊이'에 있어서 외국계 기업도 대기업 못지않은 인적 네트워크의 기회를 제공한다. 대기업의 그것과 한 가지 다른 것은, 확장성이 국경을 넘나든다는 것이다.

앞서 '곧 죽어도 리더가 되라'에 등장하는 HK대리의 사례처럼, 외국계 기업에서는 입사 후 대리, 과장급만 되더라도 다양한 해외 각국과의 네트워크를 갖게 되는 경우가 빈번하다. 그것이 때로는 Matrix Report 구조 때문이기도 할 것이고, 때로는 Dot Report Line 이기도 할 것이다. 그것도 아니라면, '한국 - 아시아 지역본부 - 그룹 본부'로 이어지는 Direct Report 이거나 혹은 지역 본부 내에 다른 국가와의 Best Practice 교류나 Resource

Sharing을 위한 Co-working 관계에서 비롯되기도 한다.

결국, 외국계 기업에서는 본인이 원하든 원치 않든 다양한 국가의 많은 동료들과 일하게 되며, 만약 본인이 원한다면 이 기회를 잘 활용하여 업무상 네트워크를 자신의 인맥으로 확보가 가능하다는 것이다. 그리고 공적으로 혹은 사적으로 잘 관리된 외국계 기업에서의 인맥은 언젠가 예기치 않는 기회를 불러온다.

과거에 많은 한국 기업들에는 소위 라인Line 문화라는 것이 자리 잡고 있었다. 이것이 직장 생활을 지탱하게 하는 중요한 요소 중 하나였음을 부인할 수 없다. "줄line을 잘 서야 한다.", "썩은 동아줄line 인지 잘 살펴봐야 한다.", "끈line 떨어졌네." 등등 직장 내에서 쉽게 들을 수 있었던 이 모든 이야기들은 결국 인맥의 중요성을 이야기한다.

외국계 기업에서의 인맥도 이 못지않게 중요하다. 이 국경 너머의 인맥은 우리나라 기업들이 줄 수 없는, 어쩌면 문과 출신 인재의 해외 진출을 돕는 가장 중요한 열쇠 중 하나라고 할 수 있을 것이다.

이 죽일 놈의 영어

H는 서울의 사립대학교에서 지리학과를 졸업하고, 외국계 기업에서 구매총무 Purchasing & Sourcing 담당 이사를 맡고 있다. 지금 근무하고 있는 회사는 7년째 다니고 있지만, 그 전에는 에너지 관련 대기업에서 근무했다고 한다. H가 번듯한 대기업에서 외국계 기업으로 이직하게 된 결정적 계기는 영어였다.

대기업에서 근무할 때는 승진이나 보직 발령 시에 항상 영어 점수가 발목을 잡았다. 또, 업계 특성상 해외 현지 법인, 혹은 한국에 들어와 있는 외국계 Buying Office 등과의 업무는 영어로 이뤄지는데, 입사 시험용으로 받아 놓은 토익 점수는 업무에 전혀 도움이 되지 않았다. 팀장들 앞에서 해외 바이어들을 상대로 한 제품 프레젠테이션이라도 있는 날이면, 다른 동료들의 유창한 영어 실력 앞에서 한 없이 작아지는 느낌이었다.

해외유학파나 어학연수 경험이 많은 동료나 후배들 사이에서, 그는 영어 하나만으로 주눅들 수밖에 없었고, 어느새 5~6년쯤 근무하고 보니 스스로 뒤처졌다고 생각하게 되어 이직을 결심하게 되었다.

영어가 싫어 대기업을 나와서 외국계로 이직한 아이러니한 상황이 아닐 수 없지만, H는 한국 기업에서는 주눅 들어 싫었던 영어가 외국계 기업에서는 자연스럽다고 말한다. 이전 직장과 달리, 미국 본사나 해외 다른 나라의 동료들은 어차피 한국이 영어 공용어 국가가 아니라는 점을 잘 이해해 준다. 누군가에게 제품을 팔거나 클라이언트를 개척하기 위한 유창한 영어가 필요한 게 아니라, 한국의 상황과 계획을 이메일로 주고받으면서 간단히 대화할 수준이면 충분한 것이다.

H에게 있어 더욱 좋은 것은, 같은 업무를 하는 다른 나라의 동료들과 커뮤니케이션이 많아지면서, 더 많은 영어 실력 향상의

기회가 생긴 점이다. 특히, 영어가 모국어나 공용어가 아닌 아시아나 일본 등 다른 나라 동료들과 일할 때 자신감도 생기고, 관심사가 같은 외국인 동료들과도 스스럼없이 지낼 수 있게 되었다.

H는 최근 국제공인구매전문가 자격시험에 도전하면서, 전문영역과 관련한 영어 공부에 열을 올리고 있다.

영어는 모든 개인들에게 더할 나위 없이 중요한 경쟁력이다. 그러나 글을 쓰는 지금, 필자가 근무하고 있는 회사의 C Level 중역 10여 명 중, 영어로 자유롭게 의사소통이 가능한 임원은 2~3명뿐이다.

나 또한 외국계 기업들에서 근무해 온 지난 22년 간, 영어로 미팅과 프레젠테이션을 소화할 수 있는 임원들의 숫자가 절반 넘는 것을 본적이 없다. C Level 임원이 그러하니, 집행 임원들이나 팀장들 중 비즈니스 영어가 수월한 비중은 더 낮을 수밖에 없다. CEO가 외국인이든 한국인이든 차이가 없었다.

물론, 이는 각 회사마다의 산업의 특성이나 환경이 다르므로 일반화할 수는 없다. 그러나 모든 외국계 기업들이 높은 수준의 영어를 모든 포지션에 필수적으로 요구하는 것은 아니라는 점은 분명하다. 따라서, '외국계 기업 = 영어 필수'라고 말하는 것 역시 일반화의 오류이다.

앞서 외국계 기업의 언어는 영어가 아니라 숫자라고 했듯이, 외국계 기업에서 영어보다 더욱 중요하게 여기는 경쟁력은 다양하다. 전문성, 경력이나 경험, 성공 사례, 잠재력, 좋은 평판, 팀워크, 특정 기술 등이 외국어 능력에 우선할 것은 당연한 사실이다. 영어를 필수적으로 사용해야 포지션의 경우, 영어 능력이 최우선이겠지만, 한국의 외국계 기업들의 다양하고 많은 직무, 부서에 있어서 그런 경우는 매우 제한적이다.

필자 역시 짧지 않은 팀장, 임원 생활을 하면서 많은 젊은 직원들을 직접 뽑거나, 지인들에게 추천했지만, 영어가 최우선인 경우는 한 번도 없었다. 개발자를 뽑아야 할 때는 코딩 실력, 영업팀에는 팀워크, 신규 사업부서에는 경험, 마케팅부서에는 창의력과 엉뚱함, 기획부서에는 손 빠른 후보자가 필요했다. 입사 지원서에 언급한 어학연수 경험이나 유학 경험, 토익 점수는 참고할 지표였지, 채용 여부에는 영향을 주지 않았다.

그럼에도, 외국계 기업으로 취업이나 이직을 원하는 많은 사람들이 영어 때문에 망설이는 경우를 적지 않게 보아왔다. 그렇다면, 수험 영어, 입사 영어보다 높은 수준의 영어 실력을 쌓고 싶어 하는 인재들에게 H의 경우는 좋은 사례가 될 것이다. 만약 H가 본인의 영어가 형편없다고 자조하면서, 외국계 기업 이직에 아예 도전하지 않았다면, 그는 여전히 대기업에서 승진이나 생존을 위한 영어와 씨름하면서 주객이 전도된 직장 생활을 하고 있을지도 모른다.

이 죽일 놈의 영어 때문에 망설이고 있는 많은 인재들에게, 영어를 정말 잘하고 싶고 배우고 싶다면 외국계 기업으로 오라고 말하고 싶다. 다른 빛나는 재능과 잠재력을 갖고 있으면서도 오직 영어 때문에 주저한다면, 일단 '와 보라Come and See'라는 것이다. 외국계 기업은 누구에게는 좋은 일터이지만, 또한 누구에게는 좋은 배움의 장소이기도 하다. 특히 영어에 있어서는 두말할 나위가 없을 터!

II

데이터가 알려주는 내게 맞는 외국계 기업

1

청바지 입은 꼰대

2018년 국내 최대 경제단체인 대한상공회의소는, 한국의 기업 문화를 한마디로 '청바지 입은 꼰대'라고 평했다. 2016년에 이은 맥킨지 컨설팅과의 공동 연구인 "한국 기업문화 2차 진단 보고서"에서였다. 국내 대기업과 중견기업들 100개 회사와 무려 4만 명의 임직원들을 대상으로 한 광범위한 연구였던 1차 보고서의 결론은 "한국 기업 77%의 조직 건강도가 글로벌 기업 하위권"이라는 것이었다. 대기업이 아닌 중견 기업은 91.3%가 하위였다.

다국적 기업 1,800개와 한국 기업들을 비교했을 때, 기업 문화의 저해 요인은 크게, ①비과학적 업무 프로세스 ②비합리적 평가시스템 ③리더십 역량 부족이었다. 특히, 비과학적 업무 프로세스에 대해, 대기업에 재직 중인 외국인 임직원은, 한국의 기업

문화가 마치 장례식장 같다고 표현했다.

"한국기업의 임원실은 마치 엄숙한 장례식장 같다. 임원 앞에서 정자세로 서서 불명확하고 불합리한 리더의 업무지시에 Why도, No도 하지 못하고 고개만 끄덕이는 것을 보고 이해할 수 없는 한국기업의 업무방식이 쉽게 개선되지 않겠구나 하는 생각이 들었다."[4]

2년 후의 재조사에서, '기업문화 개선이 있었느냐'라고 묻자 임직원의 87.8%는 개선이 없다고 답했다. 오직 12.2%만이 근본적인 개선이 있다고 답변하였다.

이번에는 조사 대상 주요 한국기업의 87.5%가 조직 건강도 측면에서 글로벌 기업에 비해 약체인 것으로 평가받았다.

여성인재에 대한 편견도 문제로 지적됐다. 인사평가나 승진 등에서 불리한 원인에 대해 여성들은 '출산육아로 인한 업무공백' 34.7%, '여성의 업무능력에 대한 편견' 30.4%을 꼽았지만 남성들은 '출산육아문제' 22.6%보다 '여성이 업무에 소극적' 23.7%이라는 점

4. 대한상공회의소, McKinsey & Company, 2016.

을 꼽아 남녀 간 인식 차를 보여줬다.

한국을 대표하는 최대 경제 단체나 대기업, 중견기업들이 스스로 고백했을 만큼 기업문화의 극적인 변화는 쉽지 않아 보인다. 특히, 보고서에서 언급한 몇 가지 키워드상명하복, 야근, 비효율적인 회의 · 보고, 불통는 한국 기업 문화의 부정적 측면을 논할 때 익숙하게 등장하는 것들이기도 하다.

세계적 경영 컨설턴트 마르틴 린드스트롬Martin Lindstrom이 한국 기업의 조직 문화를 두고 내린 정의는 '공포와 압박fear and pressure'이다. 작가이면서, 기업가, 타임지가 선정한 '세계에서 가장 영향력 있는 인물 100인'에도 뽑힌 바 있는 그의 한국 기업에 대한 지적은 "관리자가 직원에게 책임을 떠넘기는 구조"라는 것이다. 다국적 기업, 외국계 기업들 역시 조직 문화에 있어 긍정적인 측면과 부정적인 측면이 상존한다. 무조건 좋은 기업이란 있을 수 없다.

그렇다면 외국계 기업들의 조직 문화는 국적별로도 다를까? 기업이라는 것은 결국 사람들이 모여 일하는 곳이므로, 국민성이나 기질, 사회경제학적 구조, 역사적 특징 등이 반영되어 각기 다른 문화를 갖고 있을 것임을 추론해 볼 수 있다. 이 부분에 대해서 이 장에서 데이터에 근거한 외국계 기업들의 국적별 특징들을 좀 더 구체적으로 살펴보기로 한다.

왕이 맞으십니까?

1998년 12월 크리스마스를 며칠 앞둔 어느 날, 스웨덴 국왕 칼 구스타프Carl XVI Gustaf는 작은 선물 가게의 계산대 앞에서 난처해하고 있었다. 아이들을 위한 선물을 고르고 수표로 지불하려고 하는데, 점원이 절차대로 신분 확인을 요청하는 것이다. 신분증이나 신용카드를 챙겨오지 못한 국왕이 이러지도 저러지도 못하고 있는 사이 국왕 뒤로 긴 줄이 늘어섰다. 국왕을 알아본 손님들이 국왕의 얼굴이 새겨진 동전을 내밀어, 이 손님의 신분을 점원에게 확인시켜 주었다. 그럼에도 점원은 국왕에게 이런저런 질문을 던져 꼼꼼히 신분 확인 절차를 끝낸 다음에야 수표를 받아 들었다.

문화 차원 이론cultural dimensions theory을 제시한 네덜란드의 심리학자 헤이르트 호프스테더Geert Hofstede에 따르면, 스웨덴은 '권력 간격지수PDI, Power Distance Index'가 세계에서 가장 낮은 나라 중 하나이다.

권력 간격이란 조직이나 단체, 기업 등에서 권력이 작은 구성원이 권력의 불평등한 분배를 수용하고 기대하는 정도를 나타낸다. 한마디로, 권력자와 구성원 간의 의사소통 거리라고 표현할 수 있다. 이 지수가 높으면, 조직이 전제적, 가부장적, 권위적이라는 의미이고, 낮으면 조직 구성원이 자유롭게 의견을 개진하고 불평등한 권위를 수용하지 않는 자율성이 확보된다는 의미이다.

호프스테더는, 다국적 기업인 IBM의 전 세계 자회사들 사이의 국가적 가치관의 차이에 관한 대규모 조사연구를 수행하여, '국가 문화의 호프스테더 모델Hofstede's Model of National Culture'을 개발했다. 이는 여러 국가 간의 문화 차이가 경영진의 결정에 미치는 영향에 대한 내용이다. IBM에서의 연구 결과를 확증하고 다양한 모집단에 확장 적용하기 위하여 이후 총 6번의 국가 간 연구가 수행되었다.

당시 가장 대규모의 국가 데이터 표본 조사로 여겨졌던 이 연구를 통하여, 총 5가지의 국가별 치관과 조직 문화의 특성을 도출했는데, 권력 거리PDI, 개인주의IDV, 불확실성 회피UAI, 남성성MAS, 장기지향성LTO 등의 그것이다.

이 차원 모형은 국가적 가치관과 조직 문화의 가장 포괄적인 프레임으로 널리 받아들여지고 있지만, 그 한계점 역시 지적되어 왔다.

그러나 3개 대륙의 50개 국가의 기업, 단체, 조직과 수십만 명의 다국적 기업 임직원을 대상으로, 6차례 걸친 후속 조사의 결과 자체는 우리에게 의미가 있다. 이 조사는 국적이 각기 다른 외국계 기업으로 취업이나 이직할 때 입사 절차에서 이후 근무할 때도 참고할 만한 조직 문화에 대한 중요한 정보를 제공해준다.

3

군기 잡는 외국계 기업?

권력 간격 지수(Power Distance Index; PDI)

세계적 경영사상가인 말콤 글래드웰Malcolm Gladwell은 그의 저서 '아웃라이어OUTLIERS'에서, 각 국가별 권력 간격 지수의 순위가 비행기 추락사고 순위와 똑같다고 썼다.

1997년 대한항공 801편이 괌에서 추락했을 당시의 한국의 권력 간격 지수는 브라질에 이어 세계 2위였다. 사고 후 블랙박스 조사에서 나온 조종사들의 대화는 믿을 수 없을 정도였다. 악천후에 착륙 시도 자체가 무모했고, 심지어 고도나 방향 모두 잘못된 상태라는 것이 명확하게 계기판에 나와 있었지만, 선임자인 주조정사의 잘못된 지시에 부조종사나 기관사는 본인들의 반대 의견을 표명하지 못했다.

앞서 대한상공회의소와 맥킨지의 공동 보고서에서 나온, 한 대기업의 외국인 임직원 지적했던 일이 사무실이 아닌 항공기 조정실에서 일어났을 때, 되돌릴 수는 비극이 일어난 것이다. 그 말은 다음과 같다.

"한국 기업문화는 장례식장 같다. 불명확하고 불합리한 리더의 업무지시에 아무도 Why도, No도 하지 못한다."

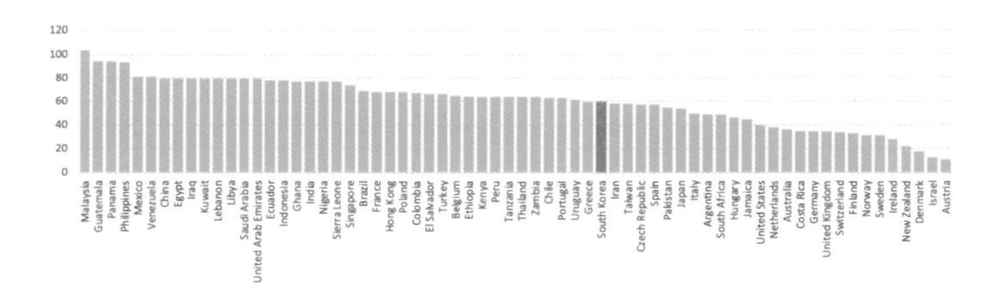

나라별 권력 간격 지수(PDI)
지수가 높을수록 권위적이며, 위계질서를 중시하고, 불평등 수용도가 높다.
(출처: http://clearlycultural.com)

가장 최근에 조사된 한국의 권력 간격 지수는 60으로 기존에 비해 크게 개선되었다. 위 그래프에서 보이듯이 한국의 권력 간격은 대만, 그리스, 우루과이 등과 비슷한 수준이며, 조사 대상 66개 국 중 40번째에 자리 잡았다. 권력 간격이 가장 먼 나라는 말레이시아, 가장 가까운 나라는 오스트리아임을 알 수 있다.

그렇다면, 한국에 가장 많이 진출한 외국계 기업들의 국가별 권력 간격 지수는 어떨까?

2022년 말 현재 한국에는 135개국에서 약 14,000개의 외국계 기업이 진출해 있다. 이 중 주요 상위 30개 나라의 외국계 기업이 11,300여 개로 전체의 81%를 차지한다.

상위 30개 나라는 주요 조세피난국을 제외하고 순위를 매겼다.

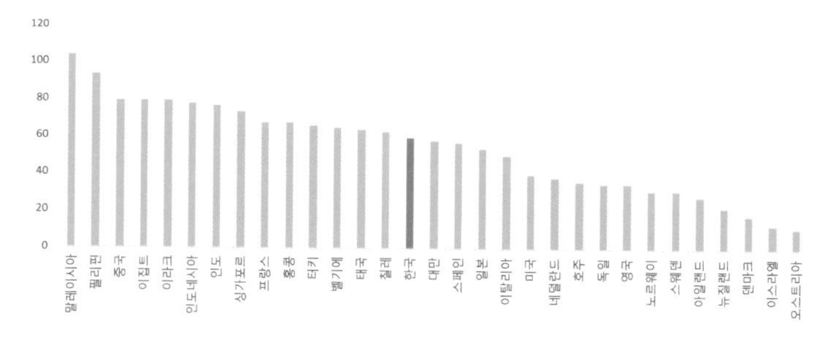

상위 30개국의 PDI
2022년 12월 한국 진출 외국계 기업 상위 30개 주요국 기준
(출처: http://clearlycultural.com 재구성)

놀랍게도 한국의 권력 간격 지수는 한국에 진출한 외국계 기업들의 상위 30개 나라들 중 중간 순위에 위치한다. 한국이 정확히 중간값에 위치함으로 인하여, 대부분의 외국계 기업들의 조직 문화를 가늠하기가 어렵지 않다는 강점이 있겠다. 한국보다

권력 간격 지수가 높은 나라는 14개 국가인데, 이들 국가에 적을 둔 기업 중 한국에서 활동하는 기업은 약 4,500개이다. 또한, 한국에 비해 권력 간격 지수가 낮은 16개 국가들의 기업 약 6,900개가 활동하고 있다.

중국, 홍콩을 위시한 아시아, 중동, 남미 국가들의 기업 문화는 위계질서를 중시하고, 다소 권위적이며, 경영진과 조직 구성원 간의 의사소통 거리가 멀다는 점을 짐작할 수 있다.

반면에, 미국과 대부분의 유럽 국가들은, 수평적 커뮤니케이션 체계를 기본으로, 구성원들의 자유로운 의사소통과 민주적이고 합리적 의사결정 구조를 갖고 있음을 엿볼 수 있다. 이는, 우리가 '외국계 기업 문화'라고 할 때 일반적으로 자율성과 독립성, 수평적 관계 등을 떠 올리는 맥락과 닿아 있다.

다만, 이 관점은 호프스테더의 문화 차원 이론에서 평가한 나라별 조직 문화 특성을 그대로 해당 국가의 기업 문화에 빗대어 추정한 것으로, 획일적 해석이나 일반화의 함정이 있을 수 있다. 예컨대 우리가 개념적으로 삼성과 현대, LG의 기업 문화가 각기 다르다는 점을 알고 있듯이, 같은 국적의 기업이라 하더라도, 업종, 사업 모델, 경영 가치 등에 따라 조직 문화는 천차만별이라는 의미다.

그럼에도 불구하고 취업준비생이나 이직 희망자에게 이 데이터는 실제로 유용하다. 예를 들어, 어떤 취업준비생이 지원하는 회사가 중국의 세계 최대 동영상 플랫폼 회사일 때와, 미국 실리콘밸리의 다국적 SNS 기업일 경우, 인터뷰에서 나오는 가장 흔한 아래 질문들에 대한 답변은 완전히 달라야 할 것이다.

질문 1. 다른 사람들에게 당신에 대해 묻는다면
당신을 어떻게 묘사할까요?

질문2. 어떤 중요한 업무의 방향성에 대해
상사와 의견이 다르다면 어떻게 행동하겠습니까?

질문3. 팀 플레이어로서 당신의 강점과 약점은 무엇입니까?

질문4. 어떤 상사 / 팀원들과 일할 때
당신의 능력이 최대한 발휘됩니까?

질문5. 당신이 갖추고자 하는 리더십 스타일은 무엇입니까?

외국계 자동차 부품에서 근무하는 David 팀장은, 당초 미국 기업이었던 본사가 아시아 기업에 매각되면서, 불과 1년 만에 회사 문화가 완전히 바뀌었다고 토로했다. 경영진들이 대거 바뀌면서, 보고 절차나 회의 문화, 근태 관리, 승인 절차, 인사 발령, 조직도가 한국 기업의 그것 못지않게 급속히 위계질서화 되는 것을 체감한다는 것이다. 빠른 의사결정과 추진 동력, 명확한 책임 소재 등 그 나름의 장점이 있지만, 십여 년간 미국 기업 문화에 익숙했던 리더들에게는 곤혹스러운 면도 없지 않은 것이다.

이렇게 나라별 조직 문화가 극명히 다를 수 있음을 이해하고, 내가 일하고 싶은 회사, 내가 지원하는 회사의 PDI을 파악하여 이에 대한 맞춤 입사 전략을 짠다면 보다 스마트하게 외국계 기업으로의 진로를 준비할 수 있을 것이다.

외국계 기업들은 모두 자유로울까?

개인주의지수(Individualism, IDV)

개인주의Individualism, IDV는 단체주의Collectivism에 대조되는 개념이다. 개인주의 지수가 높을수록 개인적 성취와 개인의 권리가 강조된다. 반대로 이 지수가 낮으면 개인보다는 조직, 단체의 목표와 동기가 우선시 된다. 그러므로 개인의 자율성, 동기, 권리, 독창성이 소속 집단의 그것들보다 우선시 되며 존중하는 기업은 개인주의 지수가 높은 기업으로 정의할 수 있다.

2022년 기준 한국에 진출한 주요 30개 국가의 개인주의 지수는 다음과 같다.

먼저, 놀랍게도 한국 기업의 개인주의 지수는 전체 주요 국가들 중 최하위 수준에 자리하고 있다. 앞서 한국의 권력 간격 지수가 모든 나라들 중 거의 중간이었던 점을 고려하면, 한국의 개

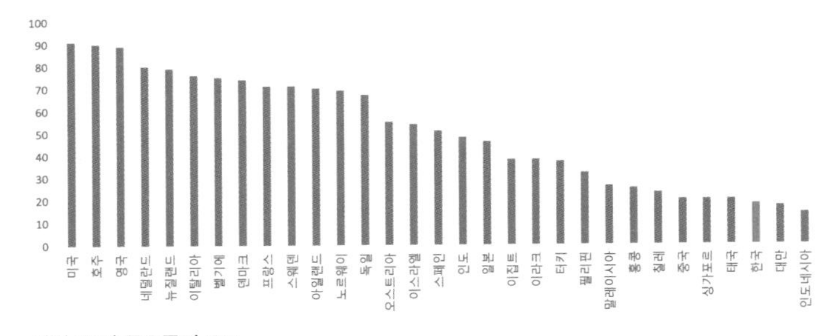

상위 30개 주요국의 IDV
2022년 12월 한국 진출 외국계 기업 상위 30개 주요국을 기준으로 재구성함
(출처: http://clearlycultural.com)

인주의 지수는 이에 비해서도 극명하게 낮음을 알 수 있다.

한 가지 좋은 소식은, 대부분의 외국계 기업에서 개인주의 지수가 한국보다 높다는 것이다. 무려 11,137개 의 외국계 기업들이며, 이는 한국 진출 전체 외국계 기업 14,000개의 약 80%를 차지한다. 외국계 기업에서는 개인주의가 폭넓게 허용되며, 각자의 개성이나 독창성이 존중되고, 조직에 대한 무조건적인 희생을 강요받지 않는다는 우리의 통념과도 맞닿아 있는 대목이다.

다만, 한국에 인접해 있는 개인주의 지수 하위권의 국가들에 대해서는 유념할 필요가 있다. 개인주의 존중에 있어서, 이들 국적 기업들은 한국의 조직문화와 크게 다르지 않을 것을 예견할 수 있다. 즉, 한국 기업들에 여전히 존재하는 충성 강요, 전체를 위한 개인 이익의 침해, 획일화된 규율 등이 이들 외국계 기업들에게서도 광범위하게 나타날 가능성이 높다.

딱히 국적을 정의하기 어려운 다국적 기업들에서는, 경영진들의 국적이나 조직 문화가 전체 임직원들의 워라벨Working & Life Balance과 개인주의 성향에 큰 영향을 미치곤 한다.

실제로 한국에 진출한 지 30년 가까이 되는 한 다국적 금융회사의 경영진들이 3~4년 주기로 교체될 때마다 조직 문화가 크게 바뀌곤 했다. CEO가 미국인, 홍콩 국적, 한국계 미국인, 한국인, 다시 영국인 등으로 바뀔 때마다 C Level 임원들도 자연스럽게 외국인과 한국인, 교포의 비중이 늘었다 줄었다를 반복했다. 이 교체 시기마다 수백 명의 임직원들은 조직 문화의 변화를 매우 크게 느끼곤 했다. 출근 복장이 비즈니스 룩에서, 비즈니스 캐주얼로, 혹은 제한 없는 캐주얼로 바뀐 것은 단적인 사례이다. 상명하복의 수직적 보고 및 회의 문화가 생겼다가도, CEO의 국적에 따라 완전한 애자일Agile 체계나 매트릭스 조직으로 바뀌곤 했고, 그러다가 다시 본부나 실 단위의 수직계열화로 회귀하곤 했다. 이 과정 속에서 개인의 워라벨이나 독창성, 전문성이 중시되는 조직 문화였다가도, 다시 한국 기업 문화의 비슷한 유형으로 바뀌곤 했다.

그 만큼 외국계 기업의 국적별 문화 특성이나 경영진에 따라 개인주의 지수로 대표되는 각 개인의 생활 패턴도 크게 영향을 받는다고 할 수 있다.

따라서, 내가 입사하고자 하는 회사의 개인주의 지수 성향을 미리 참고하면, 내 업무 스타일에 맞는지, 내가 갖고 있는 개인 성향과 얼마만큼의 일치도를 갖는지를 확인할 수 있다. 입사 준비에 있어서 이러한 나의 성향을 회사의 인재관과 일치시키는 노력도 잊지 말아야 할 것은 물론이다.

5

문과적 순발력

불확실성회피지수(Uncertainty Avoidance Index, UAI)

불확실성회피지수UAI는, 조직구성원이 예측하기 어려운 상황을 맞이하는 것을 최대한 피하려는 성향의 정도를 반영한다. UAI가 높은 조직은 불확실성을 최소화하려고 하며, 이를 위하여 철저한 계획을 세우고, 촘촘한 규제나 규범, 가이드라인, 안전장치를 구축하고, 이 범위 내에서만 행동하려는 성향을 보인다.

UAI가 높은 조직에는 일단 규칙이 많고, 컴플라이언스가 강하다. 규칙과 규제가 없으면 불안해하기 때문에 모든 영역에 관리감독이 뒤따른다. 따라서 새로운 일을 추진하는 때 제약이 뒤따르고, 시시각각 변하는 경영 환경 속에서 대응이 늦을 수밖에 없다. 기존에 없던 창의적이고 새로운 도전을 하려면 많은 안팎으로부터 많은 도전에 직면하게 된다.

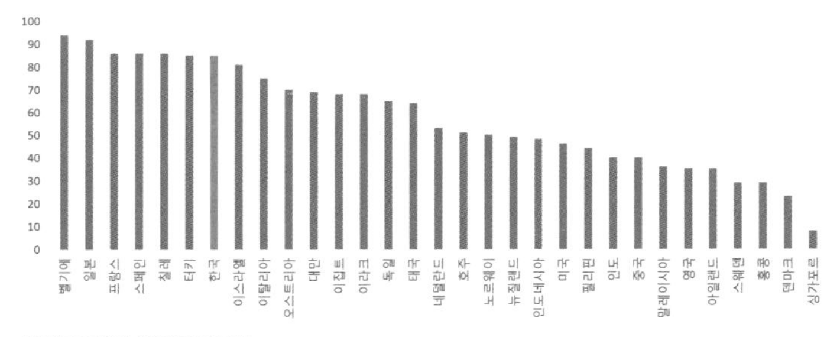

상위 30개국 주요국의 UAI

2022년 12월 한국 진출 외국계 기업 상위 30개 주요국을 기준으로 재구성함
(출처: http://clearlycultural.com)

일본의 불확실성회피지수는 압도적으로 높다. 한국에 진출한 일본계 기업의 수는 2,700여 개로 한국에 진출한 외국계 기업들 중 가장 많다. 일본 기업에서 일하고자 한다면, 자신의 강점으로 어필해야 할 점은 준법성, 규범화, 계획성, 시간 준수 등과 같은 행동 규범 관련된 영역일 것이다. 사전에 승인된 사업 계획에 의한 업무 추진, 치밀한 계산하에서의 의사결정, 만에 하나라도 발생할 리스크에 대한 철저한 대응력 등이 일본계 기업에서의 중요한 업무 평가 기준이 될 것임을 예단해 볼 수 있다.

위 그래프에서 보듯이 한국 역시 불확실성회피 지수가 높은 나라들 중 하나이다. 한국의 산업·경제계에서 매번 나오는 규제

완화, 기업운영 자율성 부여 등의 목소리는 어제오늘의 일이 아니다.

반면 UAI가 낮은 국가들이 외국계 기업의 주류를 이룬다. UAI가 낮다는 것은 모호하거나 새로움에 대한 수용성이 높다는 것을 의미한다. 규범과 가이드라인은 최소화하고, 경영 환경이 변함에 따라 전략이 수정될 수 있음을 받아들인다. 업무 현장에서는 개인의 적응성과 순발력이 높이 평가된다. 임의 응변에 강하고, 예기치 않은 상황 속에서 창의적적 대응이 인정받는다. 우리가 알고 있는 많은 미국이나 유럽의 기업들이 그러하다.

모호함을 잘 받아들인다는 것은 '낯섬'에 대해서도 높은 개방성을 갖고 있음을 의미한다. 새로운 생각, 전혀 다른 업종에서의 인력 스카우트, 새로운 방식의 업무 방식, 가보지 않은 길에 대한 도전에 대해 기꺼이 수용하는 많은 외국계 기업들의 특성들을 반영하고 있기도 하다.

프랑스계 다국적 제약회사의 법무팀에서 10여 년간 일하고, 동종업종인 영국계 제약 회사로 이직한 BS 이사는 입사 과정에서 느낀 점을 이렇게 설명했다.

“프랑스 회사에서 법무팀의 역할은, 촘촘한 컴플라이언스 정책을 짜고, 아주 사소한 규칙 위반도 발생하지 않도록 관리 감독하는 일이었습니다. 프랑스 회사들은 매뉴얼에서 한 발짝도 벗어나는 것을 허용하지 않습니다. 직무가 영업이든, 제품 개발이든, 브랜딩이나 마케팅이든, 승인받은 범위 내에서만 움직여야 합니다.

그런데, 이번에 이직한 영국계 기업은 정반대 기업문화를 갖고 있어 적잖이 놀랐습니다. 인터뷰 때 한국지사장이, 법무팀의 역할은 모든 사업 분야가 새로운 이니셔티브를 개발하고, 사업 분야를 확대할 수 있도록 법률 서비스를 제공하는 것이라고 하더군요.

팀 명칭도 프랑스 회사에서는 ‘Legal & Compliance’인데, 영국 회사는 ‘Legal Counsel & Service’로 바뀌었습니다.”

자신의 강점이, 순발력과 융통성, 적응력, 창의력에 있다면 많은 문과생들에게 UAI가 낮은 외국계 기업은 좋은 선택지가 될 것이다. 이미 팀의 업무 방식이 정해져 있어 그대로 선배들이나 상사가 정한 룰을 따라가야 승진이나 인사고과에 별 탈이 없는 한국기업 대신, 임기응변과 상황대처, 적응력이 오히려 환영받는 외국계 기업에서 마음껏 자신을 발산할 수 있을 것이니 말이다.

6

야망과 쟁취 본능을 깨우는 외국계 기업

남성성(Masculinity; MAS)

문화차원이론의 호프스테더는 남성성-여성성의 성별을 노골적으로 일반화하여 사용한 경향이 있음을 먼저 밝혀 둔다. 이 남성성-여성성의 표현을 '삶의 양-삶의 질'Quantity of Life vs. Quality of Life 등의 다른 이름으로 부르는 경우가 많지만, 이 글에서는 원문의 표현을 사용해 '남성성'으로 표현하였다.

남성성, 즉 남성적 문화가 강하다는 것은 욕망, 성공에 대한 야망, 조직 내 경쟁력, 권력과 같은 개념이 중시된다는 의미이다. 반면에 여성성, 여성적 문화에서는 조직원 간의 유대 관계, 상호 존중, 헌신, 삶의 질 같은 것이 더 높은 가치를 지닌다.

한국에 진출한 상위 30개 나라들 대부분이 한국에 비하여 남성성이 높게 나타난다. 대부분의 외국계 기업들이 한국의 조직

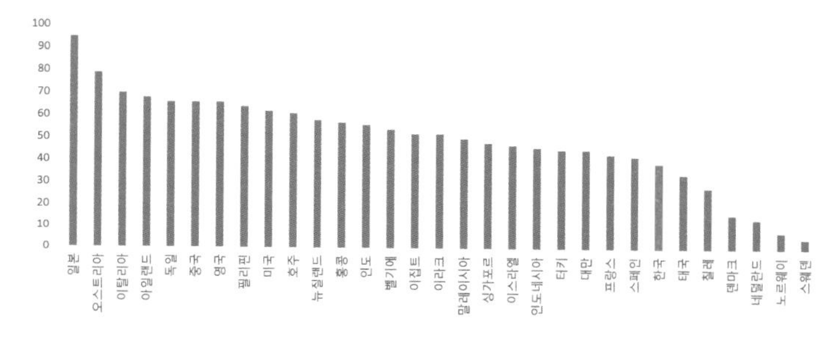

상위 30개국 주요국의 MAS
2022년 12월 한국 진출 외국계 기업 상위 30개 주요국을 기준으로 재구성함
(출처: http://clearlycultural.com)

문화보다 경쟁지향적이며, 성취 욕구가 높다. 조화보다는 자기 주장이 강하고, 용기와 도전이 장려된다. 우리가 보통 "외국계 기업은 자유롭지만 철저한 성과주의 기반이고, 내부 경쟁이 치열하다"라고 생각하는 것과 맥락이 닿아있다.

그러나 노르딕 유럽권에서는 남성성이 극단적으로 낮다. 덴마크나, 네덜란드, 노르웨이, 스웨덴의 경우 조직 내부의 조화로움, 상호 배려, 워라벨이 강하다. 이는 세계에서 육아 휴직이나, 장기간의 휴가, 가족 돌봄 시스템이 가장 잘 정착되어 있는 이들 나라들의 기업 운영 시스템을 통해서도 확인할 수 있다.

많은 경우 외국계 기업의 임직원들은 성취욕, 성공에 대한 열정을 드러내기를 주저하지 않는다. 글로벌 기업에서의 성공은 연공서열 위주의 국내 기업보다 훨씬 많은 것들을 보장해 주기 때문이다. 대신 그만큼 경쟁이 치열하며, 그 경쟁의 핵심에는 성과가 자리하고 있으며 성과를 챙기고 부각하는 것도 각 개인의 몫이다. 소위 연줄이나 학벌이 그것들을 대신해 주지 않는다.

주니어들도 사내 정치를 요구받는다. 정치적인 발언, 행동에 대해서 비판하는 문화가 없다. 자기 자신을 상품으로 팔려면 성과에 못지않게 정치적인 영향력도 발휘해야 할 때가 많다. 한국 기업들처럼 입사 순서대로 승진시키지도 않으며, 인센티브나 성과급도 골고루 배분되지 않는다. 외국계 기업 임직원들의 자기주장이 강한 이유도 여기에 있다.

남성성이 강한 외국계 기업에서 문과생들이 갖는 경쟁력은 논리력과 커뮤니케이션이다. 토론 문화와 논쟁Debate가 장려되고, 사실상 모든 권력은 논리 싸움에서의 승리에서 나오기 때문이다. 외국계 금융회사에서 CEO만 4번을 한, '직업이 CEO'라고 불리는 분은, "외국계 기업에서는 자신이 원하는 바를 큰 목소리로, 그렇지만 논리적으로 설명하는 사람에게 기회가 찾아온다." 라고 언론사 인터뷰에서 말한 바 있다.

문과생들은 기본적으로 스토리텔링과 인문학적 지식, 논리 전개에 있어 이과생들보다 유리한 점들이 많다. 4차 산업혁명으로 많은 IT, 테크 관련 산업이 급성장하고 있지만, 여전히 절대 다수의 경영진들이 문과 출신인 것은 크게 변하지 않았다.

직장인으로서, 나아가 기업인으로 성공하고 싶은 큰 꿈이 있다면 그 꿈을 이루는 기간을 훨씬 단축시켜줄 외국계 기업으로 가야 하는 이유이다.

7

외국계 기업에도 천국과 지옥이?

아주 오래되고 유명한 우스갯소리 하나가 있다.

"천국은, 경찰이 영국인이고 요리사는 프랑스인이며 엔지니어들은 독일인들이고 이탈리아인이 연인이며, 그리고 이 모든 것을 스위스인들이 관리하는 곳이다.

지옥은 영국인이 요리하고 프랑스인들이 기계를 만들고 스위스인이 연인이며 경찰은 독일인이고, 이 모든 것을 관리하는 사람이 이탈리아인들인 곳이다."

아마도 각 나라 국민들의 기질 혹은 문화적 특징 등을 빗대어 만든 유머라고 생각되지만, 여전히 유명한 이유는 그 나름의 일말의 일리라도 있기 때문일 것이다. 그러면, 외국계 기업들에서도 나라별로 정말 극과 극인 기업 문화, 업무 분위기가 존재하는 것일까? 대답은 "절반은 그렇고 절반은 그렇지 않다."이다.

사실 기업 문화는 그 기업의 본사가 어느 국적인지에서 나온다기보다는, 그 기업의 리더십 팀의 문화에서 나온다고 봐야 할 것이다. 여기서 '리더십 문화'는 그 기업의 '경영진들의 국적'과 무관하다고 할 수는 없을 것 같다. 그렇다 하더라도 대부분의 조직 구성원이 한국인일 수밖에 없는 주한 외국계 기업들의 특징상 본사나 경영진들의 국적에 따라 회사 전체 기업 문화가 좌지우지되는 경우는 드물다고 보아야 함이 타당하다.

독일계 다국적 기업인 B사는, 화학, 기계, 건설장비 분야에서 세계적으로 가장 유명한 기업 중 하나이다. 독일 기반의 기계/제조기반 회사이니 기업 문화가 엄격함, 상명하복, 질서와 매뉴얼 중심일까? 이 회사의 한국 법인과 해외 법인 모두에서 20년 가까이 근무하고 있는 품질관리 담당 임원 Mia에 의하면 전혀 그렇지 않다. 이 회사의 한국 현지 법인은 한국에서도 가장 여성 친화적인 기업이며, 가장 일하기 좋은 직장, 가장 워라벨 Work and Life Balance 수준이 높은 회사로 정평이 나 있는 이른바 소프트파워 지수가 높은 회사이다.

이에 반하여, 유명 명품 브랜드 회사 중 하나인 프랑스 기반 다국적 기업에 다니는 Jenny는, 회사의 수직적 의사결정 구조, 계층에 따른 위계질서hierarchy, 국내 스타트업 기업들보다 못한 복리후생, 업무에 대한 중압감으로 숨 막혀하곤 한다.

회사가 매각되어 경영진 대부분이 화교계 싱가포르인, 혹은 중국인으로 변모된 기업에서 일하는 S팀장의 경우에는, 매각 전후의 업무 문화가 극명하게 바뀌었다고 토로하기도 하기도 한다. 한국 기업이 다국적 기업에 매각되어, 한국에서의 경영 목표가 조기 투자금 회수 혹은 사업 목적 변경, 합병 등의 단기적 이슈가 있는 경우에 해당한다. 이런 특수한 상황에서는 어쩔 수 없이 경영진, 리더십 팀의 의사결정 영향을 단기적으로 피부에 와닿게 느끼게 되는 사례들도 종종 발생한다.

가장 어려운 경우는 비교적 소규모 외국계 기업에서 근무하는 경우라고 할 수 있다. 한국 진출 형태나 사업 목적에 따라, 일부 다국적 기업들은 모든 경영진들을 본국 임원들로 구성하고 리더십팀까지 한국인 채용을 최소화 하는 경우도 있다. 이 경우, 소수의 입장에 선 한국 직원들은 경영진 대다수가 본국 직원들인 기업의 영향을 직접적으로 받을 수밖에 없다. 간혹 이러한 기업에서 일하는 옛 후배들이, 한국인을 대하는 경영진들의 태도에서 환멸을 느낀다고 말할 때마다 가슴이 아프기도 하다. 이러한 기업에서는 앞서 인용한 유머에서처럼 그 기업의 국적 기질이 고스란히 드러나기도 하는 것이다.

한 가지 다행인 것은, 대부분의 다국적 기업들에게 있어 한국은 중요한 시장이며, 한국 직원들은 능력과 태도에 있어 그 어떤 나라의 현지 법인 직원들보다 높은 평가를 받는다는 점이다. 따라서 낮은 확률이라도 혹시 왜곡되어 있거나 문제의 소지가 있는 외국계 기업 문화 환경을 맞닥뜨리게 되더라도 일하는 환경과 분위기를 바꾸는 것 또한 글로벌 기업의 세계에서 일하기로 한 우리의 역할이라는 것쯤 가슴 한곳에 새겨두면 좋을 일이다.

III

잘 나가는 외국계 문과생들의 이력서에는

1

스펙을 압도하는 콘텐츠

몇 년 전, 저자가 몸담고 있던 회사에서 외국계 기업으로서는 드물게 약 30여 명의 신입 사원을 공채로 뽑게 되었다.

서류 심사 통과 기준으로 무려 80대 1의 경쟁률을 뚫고, 채용 부서 임원인 내게도 후보자 10여 명의 이력서가 도착했다. 대부분 대졸 예정자이거나 대졸자, 혹은 경력 1년 미만의 입사 후보자들의 이력서는 온갖 스펙으로 가득 차 있다. 외국계 기업 특성상 애초에 이력서 양식이 없다 보니, 학창시절, 전공, 취미, 어학, 자격증, 가족사, 아르바이트나 인턴 경력이 한가득 빼곡히 적혀 있다.

나 역시, 형형색색, 각양각색의 이력서를 검토했지만, 사실 상 대부분의 이력서에서 차별성을 찾기 어려웠다. 그러던 중 달랑

1페이지짜리 이력서가 있었는데, 거기에는 간략한 인적 정보와 함께 Prezi presentation[5]의 간략한 링크 주소가 적혀 있었다. 일부 지원자들이 간혹 본인 경력의 포트폴리오를 유튜브나 개인홈페이지에 게재하긴 하지만, 프레지 프레젠테이션을 제시한 후보자는 처음이었다.

워낙 간단한 URL 주소라, 호기심 삼아 접속했는데, 그야 말로, WOW 프레젠테이션이 아닐 수 없었다.

Mike라는 영어 애칭을 쓰는 이 친구의 프레젠테이션은, 그가 왜 사회학을 전공했는지, 전공 공부를 통해 무엇을 배웠는지, 본인이 지원하는 디지털 플랫폼 사업팀에서 그가 배운 전공 지식이 어떻게 기여할 수 있는지에 대한 이야기로 가득했다. 다른 지원자들이 높은 공인 영어 시험 점수, 해외 유학/어학연수 경험, 다양한 자격증, 인턴 등 길고 짧은 사회 경력 등으로 이력서를 문자로 빼곡히 채운 것과는 대조적이었다.

이력서에 '사회학'이라는 전공을 텍스트로 풀었다면 그것은 매

---

5. Prezi 클라우드 기반의 프리젠테이션 도구.

우 지리멸렬했을 것이다. 그러나 이 지원자는 Prezi라는 프레젠테이션 툴을 백분 활용하여, 애니메이션, 동영상, 그래프, 텍스트, 음성 등으로 자신의 인문학 전공 이야기를 풀어 놓았다.

나는 짧은 인터뷰를 통해 Mike 군을 채용했고, 그는 기대에 부응하여 누구보다 창의적으로, 또한 새로운 방식으로 팀에 기여했다.

사회 초년생으로서 외국계 기업에 도전하는 대부분의 지원자들은 높은 영어 점수, 유학 경험, 자격증을 어필하기에 급급하다.

이러한 스펙들은 국내 기업 입사에는 효과를 발휘할 것이다. 왜냐하면, 앞서 언급했듯이 인사부에 의한 서류 전형과 면접이 우선적으로 진행되는 국내 기업의 특성상, 전형 점수가 표준화되어 있기 때문이다. 즉, 공인 영어 성적에는 몇 점, 어학연수에는 몇 점, 자격증은 인정 개수마다 몇 점 등으로 정해져 있으므로, 다양한 스펙은 적어도 인사부를 통과하는 데에 유리하게 작용한다.

그러나 채용부서가 직접 이력서와 모든 인터뷰 과정, 채용 여부를 결정하는 외국계 기업에서는 지원자의 스펙이 주목을 끌 수는 있어도 결정적인 역할에는 한계가 있다. 예를 들면, 토익 점수가 얼마든, 어학연수 경험이 있든 말든, 어학 능력이 필수가 아닌 부서에서는 어학 능력 관련 스펙은 거의 의미가 없는 것이다.

저자가 함께 일했던 Jane이라는 직원은, 인터뷰 때 본인 스스로를 '스토리텔러'라고 소개했다. 그 직원은 본인이 중어중문학과를 졸업했기 때문에, 세상의 모든 재미난 이야기를 알고 있으며 특이하게도 설화나 신화에 대해서는 모르는 게 없다고 말했다. 함께 인터뷰 자리에 있던 팀장이, 미국계 금융회사의 마케팅 부서에 지원하는 것과 이야기를 많이 아는 게 무슨 관련이 있냐고 물었다. 그녀는 고만고만한 금융 상품, 곧 딱히 차별화할 것 없고, 손에 잡히지도 않는 무형의 상품을 마케팅하는 데 스토리텔링 보다 더 효과적인 게 있는지 오히려 되물었다.

Jane은 입사 후에도, 몇 년 후 우리 회사를 떠나 이직한 후에도 꾸준히 콘텐츠 기획자로 경력을 쌓았다. 지금은 외국계 대형 광고기획사에서 CP Creative Producer로 일하고 있는데, 그 직원은 여전히 내가 알고 있는 최고의 스토리텔러 중 하나다.

종합하건데 스펙을 압도하는 콘텐츠란 무엇일까? 그것은 본인이 좋아하는 것, 잘하는 것, 남다르게 할 수 있는 것, 오랫동안 익히고 배운 것들 중에서 입사하고자 하는 회사와 지원부서와 '연결될 수 있는 것'이면 무엇이든 해당한다. 상품 개발이나 마케팅 부서라면, 자신이 얼마나 기발하고 'Out of Box'인지, 생산·물류 관련 부서라면 얼마나 치밀한지 혹은 얼마나 열일 하는지, 총무·인사부서라면 얼마나 사람을 좋아하고 돕는 것에 진심인지 등등, 회사 브랜드나 업무와 관련하여 개발할 수 있는 콘텐츠는 무궁무진하다.

문과생이기 때문에 내세울 기술이나 자격증이 없어, 비등비등한 스펙으로 키 재기를 하기보다는 전공, 열정, 취미, 학습, 관계 속에서 콘텐츠로 승부하는 편이 훨씬 위력을 발휘한다.

2

경력이 아니라 경험 쓰기

"국내 식품회사에서 B2B 영업을 담당하셨다고 하는데, 구체적으로 어떤 업무를 주로 하셨나요?"

"주로 1톤 트럭을 운전하는 일을 했습니다."

"네? 법인 영업기획부에서 근무하셨던 것으로 되어 있는데, 운전이라니요?"

"아침에 고객사에 전화 수십 통 넣고, 트럭에 제품 잔뜩 싣고 달려서 제품 진열해 주고 오는 게 주 업무였습니다. 이게 B2B 라는 업의 본질이라고 생각합니다."

모 외국계 금융 회사의 법인 마케팅팀에 근무하는 Kay라는 직원 이야기이다. 그녀가 입사 한 후 누군가가 담당 임원인 내게 물었다.

"트럭 운전하던 친구를 마케팅 팀원으로 뽑았다며? 아니, 왜?"

"그게 B2B 마케팅의 본질이야."

4년제 여대에서 국제학과를 졸업하고, 식품 회사법인 영업부에 근무한 경력을 보고 Kay를 뽑은 게 아니다. 매일 아침 백화점이나 대형마트 바이어들에게 전화한 후, 트럭에 물건을 싣고, 직접 운전해서 진열대에 물건을 정돈하던 Kay의 경험을 산 것이다. 매일 고객에게 전화하고 커뮤니케이션하고, 물건을 싣고 우리 상품을 구매한다는 확답을 받아 내고, 트럭을 운전하여 고객을 만나, 진열대에 물건까지 정리해주는 고객과의 관계를 강화하는 직원이 필요해서였다.

그러나 국내 은행들 중에, 대형 법인 고객들을 관리하는 중요한 직무에 그녀의 트럭 운전 경력을 보고 채용할 회사들이 몇이나 있을까?

기대했던 대로, Kay는 입사 후에 마치 전사처럼 일했다. 끊임없이 고객과 접촉하고, 이야기하고 만나고, 팀의 목표를 위해 거의 '도로 위에서 살다시피' 했다. 1년에 한 번씩 고객사들에 회사의 마케터들에 대한 평가를 요청하면, Kay는 늘 다섯 손가락 안에 들었다. 그녀의 진짜 전공은 국제학도, 운전도 아니었고, 마케팅이었던 것이다.

홍콩 헬스케어 회사의 광고팀에 입사 지원한 B 과장의 전공은 교육학이지만, 대학교를 졸업한 후에는 쭉 영화제작사에서 일을 해 왔다고 했다. 그런데, 영화 제작사에서 정식 채용되어 정규직이나 계약직으로 일한 기간은 불과 몇 개월에 불과했다. 우리나라 문화 예술계의 고용 구조가 그때그때 필요한 사람을 프리랜서 신분으로 활용하는 체제이다 보니, 그 역시 한 편의 영화가 끝나면 다른 영화 제작사로 프리랜서 신분으로 옮겨 다녔던 것이다. 이력서에는 그가 다양한 영화의 기획과 홍보, 광고 업무에 참여했고, 이른바 천만 관객의 작품에서는 홍보팀을 이끌며 참여했다는 내용들이 기술되어 있었다.

채용 부서장은 B과장이 광고팀에서 찾고 있는 영상 홍보 전문가로 적임자라고 생각하고, 그를 매니저급으로 채용키로 했지만, 인사팀 직원은 그의 프리랜서 기간을 경력 기간에 포함하여 처우하기 어렵다는 입장을 표명해 왔다. 채용 기준에 경력 인정은 정규직, 계약직, 인턴으로 명시되어 있기 때문이라는 이유에서였다.

그러나 회사 경영진의 최종 의사결정은, 당초 채용부서장의 의견대로 그의 프리랜서 근무 기간 모두 경력 기간에 산정하여 그에 걸맞은 대우로 B과장을 채용하는 것이었다. 채용 과정에 약간의 논란이 있었지만, 서류상의 경력보다는, 현장에서의 경험이 채용과 처우의 기준이 된 것이다.

국내 기업 같았더라면, 근로 계약 기간 입증이 어려워 온전한 경력 인정이 어려웠을 수도 있고, 오랫동안 근로자 신분이 아니어서 사실상 채용 대상에 포함되는 것 자체가 불가능했을 수도 있다. 그러나, 많은 외국계 기업에서는 인재의 근로 형태가 어떠했든 그가 가진 경험만으로 판단한다. 내가 찾는 인재가 어떤 성공과 실패의 경험이 있느냐가 중요하다. 그가 어떤 형태의 기업에서, 어떤 신분 혹은 어떤 고용 형태로 일을 했는지는 사실 크게 관심을 둘 사안이 아니다.

취업 준비생이나 이직을 준비하는 이들이 심심치 않게 저자에게 물어보는 질문들이 있다.

"제가 쭉 계약직으로만 일을 해 왔는데, 과연 이 회사외국계 기업에서 정규직으로 절 뽑아줄까요?"

"이 회사 입사하고 싶은데, 계약직이래요. 이게 나중에 다른 회사의 정규직으로 이직하려고 할 때 오히려 경력에 해가 되진 않을까요?"

"제가 지원하려는 회사에서 예전에 프리랜서로 일한 적이 있어요. 이걸 감추고 지원하는 게 나을까요?

"전에 일하던 회사가 워낙 소규모라 근로 계약 없이 일을 했어요. 이것도 경력으로 인정해 줄까요?

이제 답을 독자 스스로가 찾았으리라 믿는다. 그들은 당신의 경력이 아니라 경험에 관심이 있다. 이력서에 경력 대신 경험을 채워 넣어라.

장점 대신 강점

"Gallup Strength Finder로 측정해 본 결과, 제 최상위 5개 강점의 우선순위는, 사교성 - 주도력 - 개별화 -개발- 화합입니다. 분석리포트는 제가 대인관계와 영향력 그룹에서 강점이 높다고 말하고 있습니다. 이 5가지 강점들이 가장 잘 발휘될 수 있는 분야가 바로 '시장개발팀'이고, 이것이 제가 귀 회사의 시장개발팀 직무에 지원한 이유입니다.

하위 3개 강점에 대해서는 입사 후에 글로벌 기업인 귀사의 멘토링 프로그램을 통해 열심히 개발하겠습니다."

벌써 10년이 지난 이야기이지만, Emily라는 신입사원은 실제로 이렇게 쓴 자기소개서를 가지고 왔었다. 그녀의 전공은 통계학이나 수학이 아니라 국사학이었다. 천편일률적이고 검증할 방법이 없는 '좋은 성격'을 빼곡히 써 놓은 이력서가 아니라, 공신력 있는 기관의 강점 분석 리포트를 일목요연하게 정리해 놓았다.

그녀와 인터뷰를 하는 동안 채용부서의 임원은 시시콜콜한 학창시절, 취미, 봉사활동 등 대신, 직무의 강점과 적합도에 대해 많은 것들을 들을 수 있었고, 응당 Emily를 채용했다. 그녀가 그 직무에 적합하다고 데이터가 말하고 있다는 점 외에도, 본인의 강점과 약점을 정량화하여 자신을 표현한 점을 높이 사지 않을 수 없었던 것이다.

국내 기업의 이력서와 자기소개서 양식에 익숙한 많은 취업 지원자들의 본인 성격의 장단점을 쓴다. 당연히 좋은 점을 가득 가득 써내고, 단점은 몇 줄, 그리고 그 극복 방안을 첨언하는 것을 잊지 않는다. 그 지원자의 말이 사실인지, 본인만의 생각인지, 남들도 그렇게 생각하는지, 채용부서장은 알 수 없다. 안다고 하더라도, 직무적합도를 고려해야 하는 채용부서장의 입장에서는 지원자의 성격보다 더 중요하게 알아야 할 정보들이 많을 터이다.

Emily는 자신의 최대 강점 5개를 수치화하여 제시했고, 그 강점들이 지원 부서에서 어떻게 극대화될 수 있는지를 논리적으로 설명할 수 있었다. 또한, 굳이 쓰기 마뜩찮은 단점들조차, 하위 강점 순위로 정리되어 단점이 아닌 개발할 점으로 표현할 수 있었다.

외국계 기업에 근무해 본 사람들은, 회사가 항상 직원들의 직무 적합도, 리더십 스타일, 행동 유형 스타일 등에 대해 관심을 갖고 있다는 것을 알고 있다. 통상 입사 전 인터뷰 과정이나 직원개발 프로그램, 혹은 승진 평가 등에서 빈번히 직원들에 대한 테스트가 실행된다. Gallup Test, DISC, Harrison Assessment 등 다양한 기관에서 제공하는 테스트가 있는데, 진단 결과는 글로벌 표준 양식에 따라 수십 페이지에 이르는 굉장히 정교한 분석 결과를 도출해 낸다.

따라서, 외국계 기업의 채용부서장이나 인사팀은 입사지원자가 제시하는 이러한 Survey 혹은 Test에 익숙하고 이에 대한 적잖은 의미를 부여한다.

RELATIONSHIP BUILDING
대인 관계 구축

Adaptability 적용
Connectedness 연결성
Developer 개발
Empathy 공감
Harmony 화합
Includer 포용력
Individualization 개별화
Positivity 긍정
Relator 친밀함

INFLUENCING
영향력

Activator 행동
Command 주도성
Communication 소통
Competition 승부심
Maximizer 최상화
Self-Assurance 자기 확신
Significance 존재감
Woo 사교성

EXECUTING
실행력

Achiever 성취
Arranger 정리
Belief 신념
Consistency 공정
Deliberative 심사숙고
Discipline 체계
Focus 집중
Responsibility 책임감
Restorative 복구

STRATEGIC THINKING
전략적 사고

Analytical 분석
Context 회고
Futuristic 미래 지향
Ideation 발상
Input 수집
Intellection 지적 사고능력
Learner 배움
Strategic 전략

≪Strengthsfinder 2.0≫에서 밝힌 34가지 강점

개인의 역량과 리더십, 직무 등에 관련한 많은 툴 중에서, 갤럽에서 개발한 Strengthsfinder는 개인의 재능을 34가지 테마로 나누고, 이 중에서 개인의 최상위 5개 강점을 수치화하여 제시한다. 갤럽 웹사이트에 접속해 엑세스 코드를 구매하면 CliftonStrengths 평가와 이에 대한 매우 상세한 리포트를 받아볼 수 있는데, Emily가 바로 그 자료를 제시한 입사 지원자였다.

문과생들이 자신의 개인의 역량을 데이터화하여 어필하기란 쉽지 않다. 토익점수나 MBTI 같은 성격 테스트 같은 수치를 제시할 수 있지만, 그것만으로 이과생들과 구분되고 경쟁력 있는 데이터라고는 하긴 어렵다. 그렇기 때문에, 자기소개서 등에, "따뜻하지만 때로는 냉철한", "관찰력이 뛰어나고 끈기가 있음", "행복한 가정에서 자랐기 때문에 사교성이 좋음" 등과 같은 모호한 미사여구로 장점을 써내는 경우가 대부분이다.

그보다는, 외국계 기업에서 공신력 있는 국제기관의 테스트 툴을 통하여 데이터로 정량화하여 자신의 강점을 표현한다면, 스스로를 보다 객관적이고 명백하게 차별화할 수 있을 터이다.

4

문과생의 엔지니어 도전기

이른바, 4차 산업혁명의 시대에 다시 정보통신기술 기업들이 중흥기를 맞기 시작했다. FAANG[6]이라고 불리우는 빅테크Big Tech 상장 기업들의 눈부신 성장에 이어 BBIG[7]산업의 비약적인 확장은 IT 및 이공계 인력들에게 거의 무제한적인 일자리를 제공할 것 같은 추세이다.

또한, COVID-19의 여파로, 재택 근무와 원격 근무가 일상화되면서, 기술 기반으로 일하는 기업들이 크게 증가하고, 이는 자연스럽게 굳이 출퇴근을 할 필요가 없는 기술 인력들의 고용 활성화에 크게 기여하고 있다.

---

6. 페이스북(Facebook), 아마존(Amazon), 애플(Apple), 넷플릭스(Netflix), 구글(Google).

7. 배터리(Battery), 바이오(Bio), 인터넷(Internet), 게임(Game).

한국뿐 아니라 글로벌 기업, 외국계 기업 채용 시장에서도 문과생들의 소외감이 클 수밖에 없는 이유이다. 때문에, 문과생들이 코딩 전문 학원을 다니거나, IT 관련 자격증을 따서 이과생들과 비슷한 스펙을 만들어 취업 전선에 나서고 있는 실정이다.

그러나, 학부 내내 수학 기반의 기술을 전공했을 이과생들과, 재학 중에 자격증을 목표로 공부한 문과생들이 채용 시장에서 이과생들과 동등하게 경쟁할 수 있을까? 적어도 국내 기업에서는 가능성이 매우 낮아 보인다.

세계 최대의 전자상거래 회사 중 하나인 다국적 기업의 인사팀에 근무하는 Clair 차장의 직함은 'Tech Recruiter'이다. 경영학과를 졸업하고, 중견 기업의 인사부에서 C&B 직무Compensation & Benefit를 오랫동안 해 왔지만, 단순 반복적인 행정업무가 늘 적성에 맞지는 않았다고 했다. 그녀는 직무 능력 향상을 위한 RPA 교육을 받다가, 내친김에 파이썬 기초 과정과 자바 스크립트를 배웠다. 그러던 중, 외국계 기업으로 이직할 기회가 생겨 자연스럽게 인사부 C&B 직무에 지원하였지만, 인사담당 임원은 C&B가 아니라 Tech Recruiter 포지션을 제안했다.

Clair 차장은 본인이 프로그래밍이나 컴퓨터 언어를 능숙하게 다룰 수는 없지만, 적어도 이 기술들에 대한 이해도가 있고, 기술 인력들의 업무 레벨에 대한 이해도를 갖고 있는 점을 채용 회사에서 높이 평가한 것이다. Clair 차장은 전 세계 시장에서 기술 인력을 소싱위탁하는 일을 진두지휘한다.

P 과장은 다국적 페이먼트 프로세싱 회사의 마케팅 부서에서 근무 중이다. 그는 우리나라의 전업계 신용카드사들이나 은행계 신용카드 부서를 대상으로 새로운 신용카드 상품을 발굴하고 제안하는 업무를 하고 있다.

심리학과를 전공한 P 과장은 당초 이 분야에 대한 경력이 없었다. 이 직무는 통상 신용카드사나 은행 등에서 상품 기획이나 상품 개발 경력을 요구한다. 그러나, P 과장에게는 '마케팅 엔지니어'로 자신을 포지셔닝할 수 있는 비장의 무기가 있었다. 전 직장에 근무할 때 우연히 국비 재직자 교육 과정에 마케팅 엔지니어링 과목이 있는 것을 보고, 6개월에 걸쳐 과정을 수료하고 자격증까지 취득하게 된 것이다. 이 과정을 통해 P과장은 데이터 분석, 세그먼테이션, 시계열 분석, CRM 등의 계량화된 마케팅 툴을 배울 수 있었다.

P 과장이 지원한 직무는, 금융기관을 상대로 한 사실상의 제안 영업이었으므로, 채용부서장 입장에서는 눈에 확 뛰는 직무 스킬을 보유한 인재를 발견한 셈이었다.

통상 영업/마케팅 부서에는 많은 문과 출신 지원자들이 몰리기 마련이다. 특별한 기술이나 자격증을 요하지 않기 때문이다. 따라서 신입이든 경력이든 자신을 차별화하는 것이 어렵다. 이 경우 본인이 다른 문과생들과 구분될 수 있는 Tech 경험이나 자격을 갖추게 된다면 이는 외국계 기업의 문을 넘을 수 있는 매우 중요한 요소로 작용한다. 외국계 기업들은 국내 기업들에 앞서 이미 데이터 기반의 마케팅Data Driven Marketing과 시스템화된 영업Systematic Sales를 도입했고, 이에 대한 이해가 있는 인재를 우대하기 때문이다.

Clair 차장이나 P 과장처럼, 문과생 출신이라면 아마도 많은 사람들이, 인사, 기획, 마케팅, 관리, 영업, 구매 등의 부서에서 경력을 시작하게 될 것이다. 당장 자신의 직무 혹은 앞으로 일하고 싶은 분야에 도움이 될 만한 ICT나 Tech, Data 과정에 관심을 기울여 보자. 자신이 이러한 기술들을 능수능란하게 다룰 필요가 없다. 당신이 기술 인력 채용에 왜 자신 있는지, 데이터를 활용한 마케팅에 왜 적임자인지를 설명할 수 있는 수준으로 학습해도 충분하다. 나중에 이러한 기술들이 적성에 맞는다면 회사 내에서 더 개발하고 공부하면 그만이다.

아예, 그러한 직무에 이과생들을 뽑는다면 여전히 문과생들에게 기회가 없지 않느냐고 반문할 수도 있겠다. 그러나 그 반대다. 뒤에서 살펴보겠지만, 오히려 세계적인 Tech 기업들은 문과생 채용에 목마르다.

Start with Why

사이먼 시넥Simon Sinek은 전 세계에서 가장 영향력 있는 인플루언서이면서, 베스트셀러 작가이다. 그의 TED 강의는 가장 높은 조회수 기록을 갖고 있으며, 많은 기업가, 정치인, 군인, 투자자들, 경영대학원의 학생들은 여전히 TED Talk에서의 그의 첫 강연 "Start with why; 나는 왜 이 일을 하는가?"를 찾아본다.

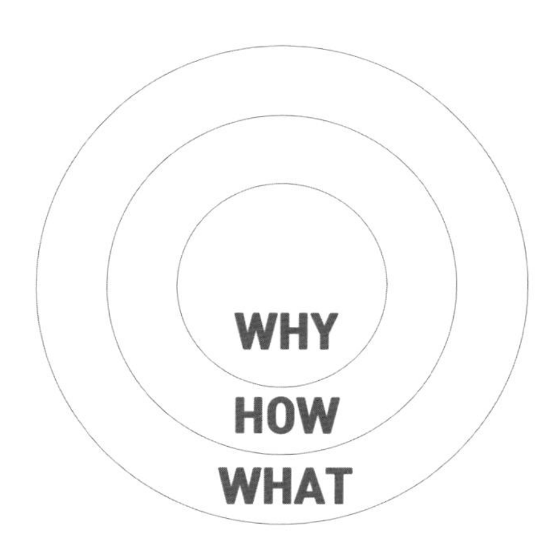

사이먼에 의하면 경쟁에서 승리하도록 하는 것은 차별성이며, 이 차별성은 "왜?"로부터 출발한다. 많은 기업들이 무엇을What – 어떻게How – 왜Why의 순서로 사업을 하고 문제를 해결한다. 하지만 아주 극소수의 혁신 기업들예를 들면, Apple은 왜Why로부터 출발한다. 사이먼은 동명의 저서에서 왜 삼성은 애플이 될 수 없는지를 예로 들었다.

같은 맥락에서, 많은 기업들이 기업의 고용주는 "왜 인재들이 우리 회사에서 일하기를 원할까?"를 고민해야 하며, 구직자들은 "왜 이 채용부서장이 나를 채용할까?"에 대한 답을 갖고 있어야 한다. 다행히 "왜 이 회사가 나를 채용할까?"에 대한 답에는 힌트가 있다.

사이먼이 고용주들에게 이렇게 말한다.

"당신은 직업이 필요한 사람들을 채용하는 것이 아닙니다. 당신은 당신이 믿는 것을 믿는 사람들을 고용하는 것입니다. 당신은 당신이 믿는 것을 믿는 사람들과 함께 일하는 것입니다. 이것은 가장 중요한 것입니다."

만약 이 글을 읽는 독자가 구글에 입사하고자 한다면, 구글의 행동 강령인 "Don't Be Evil"을 이해하고, 이 신념과 함께한다는 것을 적극적으로 표현해야 한다. 만약 레고라면, 즐거움Pleasure, 리바이스라면 품질Quality, 3M이라면 혁신Innovation, 벤츠라면 최고The Best, 비자카드라면 여행Everywhere라는 그들의 철학, 모토, 신념에 동조하여야 하는 것이다.

외국계 중장비 회사의 고객 서비스부에서 일하는 M 대리는 본인의 입사 과정을 이렇게 설명했다.

"제 전공은 정치 외교학입니다. 학교나 연구소 같은 곳이 아니라면, 현실적으로 전공을 살려서 취업할 만한 기업도 별로 없었지만, 어쨌든 꼭 외국계 기업에서 일하고 싶었습니다.

그래서, 이 다국적 기업을 지원했을 때 저는 이 회사의 슬로건인 "가지 못하는 곳에 간다"에 착안하여, '북한'을 새 시장으로 개척하겠다고 이력서에 썼습니다. '가지 못하는 곳'으로 북한만큼 크고 새로운 시장이 어디 있겠습니까? 그리고, 왜 북한이 기회인지, 왜 제가 적임자인지 설명했습니다.

채용하시는 팀장님도, 인사팀도 어이없어하긴 했지만 어쨌든 성공적으로 인터뷰를 통과했고 이렇게 입사해서 일하고 있습니다."

많은 구직자들이 한국의 대기업에 입사지원서를 내듯이 외국계 기업에 이력서를 내밀고, 한국 기업의 인사팀과 인터뷰를 하듯이 외국계 기업의 채용 부서장과 인터뷰를 한다.

모든 구직자들이 'What'으로 시작하고, 'How'에 대해서 설명하지만, 'Why'는 아예 언급도 하지 않거나, 질문이 들어오면 그제야 궁색한 답변으로 뭉갠다. 내가 이 기업과 부서에서 무엇을 하고 싶은지와 내가 정말 얼마나 열심히, 그리고 스마트하게 일할 것인지는 이야기하지만 그 속에는 Why가 없다. 거의 모두가 그렇다.

외국계 기업으로의 취업이나 이직을 희망하는 사람들이 가장 먼저 준비해야 할 것은 Why에 대한 것이어야 한다. Why는 당신의 믿음, 목적, 존재의 이유에 대한 콘텐츠다.

당신이 믿는 것은 무엇인가?

무엇이 당신의 가슴을 뜨겁게 하는가?

당신의 신념은 무엇인가?

왜 당신이어야 하는가?

성공의 반열에 오른 많은 글로벌 기업들이 사명, 비전, 가치 등을 개발하고 발전시켜 왔다. 그들의 기업가 정신과 사업 목표는 어렵지 않게 찾아볼 수 있다. 한국에까지 진출해서 활동하는 외국계 기업들이라면 대부분 글로벌 기업 중에서도 상위 그룹들이다.

경영학과에서는 다국적 기업, 특히 미국계 기업들의 최대 가치는 '주주 이익 극대화'라고 가르치지만, 이는 자본주의 기반의 서구 국가들의 기업의 정체성을 나타내는 말이지 그들의 사명을 표현하는 것은 아니다. 마땅히 일하고자 하는 기업의 경영 목표, 추구하는 가치, 헌신의 방법 등에 대해 이해하고, 이에 대한 공감대를 만들고 표현하는 노력이, 외국계 기업에 도전하는 이들의 Why가 되어줄 수 있을 것이다.

6

별의 순간

Sternstunde(슈테른슈튼테)

유럽계 제약회사에서 Supply Chain Division 임원으로 일하는 JD는 정치외교학을 전공했다. 대학생 때 제3세계를 돕는 동아리 활동을 한 것이 인연이 되어, 졸업 후 빈곤 퇴치 관련 시민단체에서 일해 왔다.

그가 입사할 때 면접관들은, JD가 전공을 살려 계속 사회시민단체나 공공기구에서 일하지 않고 일반 기업체, 그것도 아직은 한국에 진출한 지 몇 년 되지 않은 작은 외국계 제약회사에 지원하는 이유를 물었다.

"저는 해외 빈곤 국가의 주민들을 지원하는 단체에서 일하던 중, 남미의 열대림 아마존에서 원주민들이 희소병에 걸려 무수히 죽어 나갔던 사례를 접했습니다. 이를 발견한 다국적 제약회사 중 하나가, 수백 억 원을 투자하여 긴급 치료제를 만들고, 전세기를 동원하고 회사의 물류 선박을 총동원해서 수천 명의 아마존 원주민들의 생명을 구했습니다.

물론, 이 원주민들은 애초에 약값을 댈 능력이 없었고, 이 회사 역시 그것을 알고 있었습니다. 막대한 손실로 주가마저 폭락했지만, 이제 이 회사는 세계에서 가장 크고 가장 존경받는 기업이 되었습니다.

저는 이 이야기를 듣고, 제약회사에서 일해야겠다고 결심을 굳혔습니다. 이는 이 회사가 가장 크고 가장 존경받는 회사가 될 때까지 헌신해서 일할 준비가 되어 있습니다."

작은 시민단체에서 일했던 JD가 이 회사에 입사해서 할 수 있는 일은 영업직군뿐이었다. 그러나 그는 소신대로 열정을 다해 일했고, 입사한지 채 10년이 되기 전에 회사의 핵심 임원으로 성장했다. JD는 그가 이 업계에서 투신하게 된 순간을 '별의 순간'으로 불렀다.

별의 순간Sternstunde, 슈테른슈툰데은 미래에 운명적으로 영향을 미치는 결정, 사건, 행동 또는 행동 대한 은유이다. 나 자신을 제약

회사에서 약을 파는 영업사원이 아니라, 소외되고 병든 인류의 그늘에 헌신할 수 있는 직분으로 여긴 JD는 외국계 제약회사에서 별의 순간을 맞이했다.

글로벌 코스메틱 기업에서 일하는 Casey는, 지방대학교에서 청소년상담학과를 졸업했다. 중등 교원 자격증까지 있었지만, 학교보다는 기업에서 일하고 싶던 그녀는 취업의 방향을 기업의 마케팅 직군으로 정했다. 여느 취준생 못지않게 많은 기업에 닥치는 대로 원서를 넣었지만, 마땅한 기술이나 경력이 없는 Casey에게 취업의 벽은 높았다.

그러던 중, 지역의 한 외국계 전자업체에 파견 계약직으로 취업했다. 자신과 같은 파견직군이면서 주로 기술자들인 근로자들의 입사, 퇴사 절차를 챙기고 급여와 보상 지급 업무를 하는 C&B Compensation & Benefits 포지션이었다. 1년 남짓 일을 하면서, 그녀는 자신이 HR 직무가 적성에 맞는다는 것을 알았다. 무엇보다 교육, 상담, 직무 평가 등 업무에서 자신의 전공을 살릴 수 있다는 점에서 HR 업무는 그녀의 가슴을 뛰게 하는 일이었다.

얼마 후, 그녀는 많은 사람들의 선망하는 글로벌 코스메틱 브랜드 기업의 입사 인터뷰 자리에 섰다. 그녀에게는 명문대 졸업장도, 높은 공인 영어 성적도, 동종 업계 경력도, 유학 경험도, 주변이 마땅한 추천인도 없었다.

"저는 지난 1년간 현 직장에서 600명의 근로자들의 채용과 퇴사를 관리했습니다. 산술적으로 한 달에 50명씩 채용했고, 매월 그 3배수인 150명의 입사 지원자들의 경력과 기술을 평가하고, 인터뷰를 진행했습니다. 적임자를 선발하고, 또 업계 특성상 그 비슷한 인원이 퇴사할 때 그 한명 한명의 직원들이 회사와 좋은 관계를 유지하고 떠나도록 최선을 다했습니다."

Casey는 그녀의 전공에 대한 언급도 잊지 않았다.

"청소년상담학을 전공하면서, 국가공인 교원 자격과 청소년상담사, 상담심리사 자격을 취득했습니다. 대상자들의 청소년들이기는 하지만, 진로 설계, 경력 상담, 심리 분석, 역량 평가 등에 대해 깊은 전공 지식을 갖고 있다고 자부합니다."

코스메틱 산업의 특성상 회사는 전국 백화점, 대형마트, 쇼핑몰 등에 근무하는 많은 판매직들을 수시로 채용하고 배치해야 한다. 직무 특성상 회사에 들고 남이 많을 수밖에 없다. Casey의 전공과, 짧지만 Intensive 한 그녀의 경력이 그녀를 다국적 코스메틱 기업의 Recruiting Lead 포지션으로 이끌었다.

Casey는 고되었지만, 수백 명의 입사지원자들의 이력서를 읽고, 그들과 대화하며, 일터로 배치하고, 때로는 퇴사 면담과 고충을 들어가면서 자신의 HR 직무에 대한 가능성을 발견한 때를 별의 순간으로 불렀다.

지금도 많은 문과생들이 글로벌 기업의 문을 두드리며 별의 순간을 맞이한다. 인문학도로서의 전공 지식, 대학교에서의 동아리 활동, 파트타임 혹은 파견직에서의 경험, 모임에서 우연히 만나게 된 사람, 새로운 시야를 갖게 해 준 책 등, 그 순간을 열어주는 요소들은 이미 우리들의 도처에 있다.

7

비주얼 말고 시각화

저자의 회사 마케팅 부서에서 인턴십 채용 공고를 냈다.

서치펌search firm을 통하지 않은 직접 채용이다 보니 많은 입사 지원서들이 들어왔다. 그중에서 프랑스에서 경영학을 전공하고 한국어를 공부하고 있다는 어떤 프랑스인 취업준비생의 이력서가 눈에 띄었다. 간략한 개인정보 이외에는 대부분의 내용이 인포그래픽으로 구성되어 있어, 이 지원자의 모든 것들을 한눈에 알 수 있었다. 어차피 직장 경력은 중요하지 않으니, 지원자의 동기, 학업 지식, 어학 능력 등이 중요한 지표일 텐데, 그녀의 단 한 쪽에 불과한 이력서에는 이러한 것들이 명료하게 시각화 되어 있었다.

사회초년생들이나 경력 3년 미만의 지원자들의 이력서에 담을 만한 내용은 어차피 많지 않다. 그래서 많은 경우에 이력서도 한

두 장 내에서 작성되곤 한다. 채용부서장이나 인사팀의 입장에서는 후보자들에 대한 정보가 부족할 수밖에 없다. 심지어 너무나 단촐한 이력서를 보고 질문할 내용도 많이 없다. 이런 경우 후보자의 입사 확률을 낮아질 수밖에 없다.

반면, 위 이력서를 본 채용부서장이나 인사팀은 어떤 생각을 하게 될까? 이 지원자의 리포트 능력, 디자인 감각, 논리력, 스토리텔링 능력 등을 한눈에 알아보게 될 것이다. 정작 이력서에는 없는 내용들이지만, 시각화 자료 자체가 이를 무언으로 설명하고 있는 것이다.

만약 이를 텍스트로만 구성했다면, 반 페이지 분량에 불과한 이력서가 되었을 것이지만, 시각화를 활용함으로써 간결하지만 자신의 강점을 가득 담은 강력한 PR이 가능하게 된 경우다.

다국적 헬스케어 회사의 Commercial Excellence 매니저로 근무하는 Angela 부장도 팀원 채용 절차를 통하여 아래와 같은 이력서를 전달받았다. 처음에는 무슨 영업 관련 데이터가 잘못 왔나 싶을 정도로, 온갖 그래프들로 가득한 이력서였다.

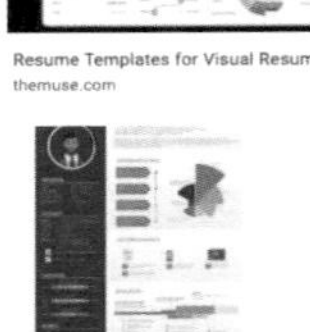

다양한 형태의 비주얼 이력서들을 소개한 'Storytelling Data Blog'
(URL: https://www.storytellingwithdata.com/blog/2021/1/4/swdchallenge-visual-resumes (검색일: 2023년 4월 1일))

그러나, 곧 한눈에 입사 지원자의 경력과 이전 직장에서의 성과를 일목요연하게 정리된 시각화 이력서라는 것을 알아볼 수 있었다. 지원자가 어학연수나 여행을 했던 나라, 가능한 외국어, 현재 다니고 있는 회사에서의 성과, 자신의 강점, 리더십 스타일, 각 직무 분야에서의 경력 기간 등을 한 장의 PPT에 그래픽으로 표현되어 있었다.

채용부서장인 Angela는 이력서에서 표현된 지원자에 대한 정보도 마음에 쏙 들었지만, 그보다 지원자가 Commercial Excellence

팀에서 꼭 필요한 인재라는 것을 즉시 알아볼 수 있었다. 지원자가 데이터 분석 역량과 KPI 관리 툴에 능숙하다는 확신을 갖게 된 것인데, 이는 영업팀의 성과 관리 지표 관리, Incentive Scheme 개발, 마켓 데이터 분석 등의 업무를 수행해는 채용 포지션에 정확히 부합한 것이었다.

만약 지원자가 텍스트로 자신이 그동안 달성한 성과를 온통 숫자로 늘어놓았다면, 이는 Angela에게는 지루하고 의미 없는 콘텐츠였을 것이다. 포지션에 정작 중요한 데이터 분석 역량이나 KPI, Dashboard 운영 능력 등은 정성적으로 애매하게 표현되어, 지원자가 적임자라는 확신을 갖지 못했을 것이다. 그러나 명료하게 시각화된 데이터는 지원자의 그간의 성과나 업무 역량이 일정 수준 이상이라는 것을 한눈에 드러나게 해준다.

자신이 가진 지식과 경험, 경력이 무엇이든지 이를 시각화하는 것은 이력서에 큰 차별성을 부여한다. 어떤 포맷으로 구성할지 아이디어를 개발하고, 인터넷 등을 통하여 시각화 자료 템플릿들을 찾아 적절히 활용하면, 짧지만 강력한 메시지를 담은 자기표현이 가능하다. 특히, 지원하고자 하는 외국계 기업의 업종, 지원하는 부서나 직무를 기반으로 시각화한다면 더욱 경쟁력을 갖춘 이력서를 탄생시킬 수 있을 것이다.

본인의 경력, 전문 분야, 자신의 개성 등을 고려하여 다양한 비주얼의 이력서 아이디어를 찾는다면, 아래 블로그를 참고하면 도움이 될 것이다.

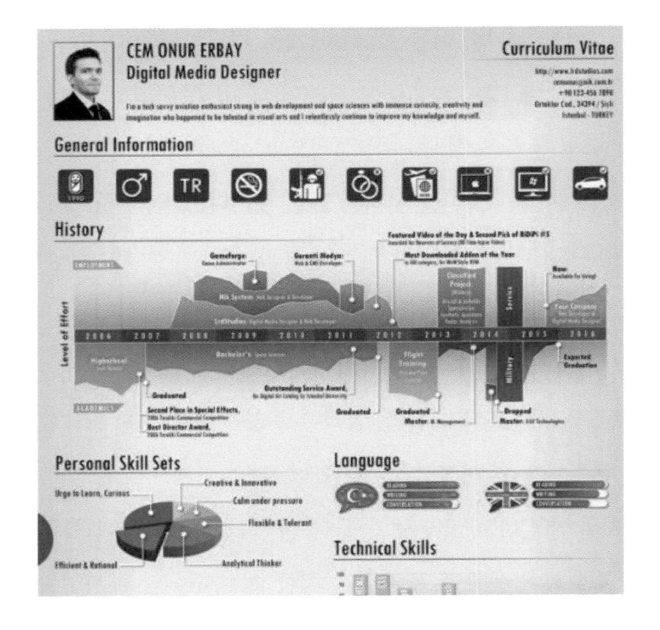

Visume "20 Beautiful Infographic Resumes That Will Inspire You"
(URL: https://visme.co/blog/infographic-resumes/ (검색일 2023년 5월 5일))

IV

실리콘밸리로 가는 문과생들

1

스티브 잡스는 철학과, 마윈은 영문과, 수잔 보이스키는 사학과

그 외에도 실리콘밸리에는 문과 출신 창업자와 CEO들이 넘쳐난다.

구인 구직 소셜 네트워킹 서비스 기업인 링크드인LinkedIn 창업자 리드 호프만은 철학을, 세계 최대 숙박 공유 기업인 에어비앤비Air B&B의 설립자 브라이언 체스키는 순수 미술을, 로지텍의 CEO 브랙큰 대럴는 영문학을, 메신저 슬랙Slack의 창업자 스튜어트 버터 필드는 철학을, 메타페이스북의 창업자 마크 저커버그와 테슬라의 엘론 머스크는 각각 심리학과 경영학을 복수 전공으로 선택했다.

하버드 대학교와 듀크대학교의 연구팀은 502개의 IT 기업에서 일하는 최고경영자와 개발 책임자들에 대한 학력 조사를 실시한 바 있다. 그 결과 조사대상자 전체 650명 중 61%가 인문학 등 문과 출신으로 밝혀졌다. 공대 출신의 비중은 37%에 그쳤고, 수학 전공자는 2%에 불과했다. 조사 대상 기업이 실리콘밸리를 위시로 한 세계적인 IT 및 기술 기업이었다는 점에서 절대 다수의 CEO 및 CTO[8]가 문과생이라는 점은 놀랍다.

2011년, 스탠퍼드대 병원에서 암 투병 중이던 스티브 잡스가 아이패드 2 론칭 행사장에 깜짝 등장했다. 예정에 없던 그의 출현에 참석자들은 기립 박수를, 페이스북 등으로 중계를 보던 전 세계인들은 댓글로 그에게 존경과 위로를 보냈다. 이 행사장에서 스티브 잡스의 한마디는 애플의 정신과 기업 문화를 상징하는 문장으로 남았다.

"애플의 DNA는 기술만으로는 충분하지 않습니다. 기술에 인문학을 융합해야 합니다. 교양과 인문학이 결합된 기술만이 가슴 벅찬 결과를 창조할 것입니다."

스티브 잡스는 실제로 이를 행동에 옮겼다. 그는 Pixar Animation

8. Chief Technology Officer. 기술 담당 최고 책임자.

Studios를 설립한 후 사내 교육기관인 '픽사 대학교'을 세웠다. 여기에 글쓰기, 문학, 철학, 역사 등의 과정을 개설해 임직원들에게 주당 4시간의 교육을 제공했다.

구글의 부사장 테이먼 호로비츠는 "IT 분야에서 성공하기 위해서는 인문학을 전공하는 게 유리하다."라고 말한 바 있다. 2011년에는 신규 채용 인력 6,000명 중 5,000여 명을 인문학 전공자로 충원했다.

구체적으로 인문학과 문과생들이 첨단 기술 기업들에서 갖는 경쟁력은 무엇일까?

미국 산호세 주립대학교의 경영학 교수인 랜달 스트로스Randall Stross는, 인문학 공부를 통해 새로운 것을 빨리 배우는 능력, 방대한 자료를 빨리 읽고 핵심을 정리하는 능력, 어려운 상황을 쉽게 말로 설명할 수 있는 커뮤니케이션 능력, 비판적 사고력 등이라고 설명했다. 문과생들에게 코딩이나 기술을 가르치는 것은 시간과 돈을 투자하면 가능한 일이지만, 기술자들에게 인문학적 감성과 철학을 갖추게 하는 것은 쉽지 않은 일이라는 점도 지적했다.

《생각의 탄생》의 저자인 로버트 루트번스타인 미국 미시간주립대 교수는 한국을 방문하여 "고도성장을 겪은 한국 기업들이 저성장의 벽에 부딪힌 것은 창조성이 결여된 일 중심의 문화 때문"이라고 말했다. 그 해결책은 문화와 감성을 살릴 수 있는 인문학에 있다고도 덧붙였다.

실리콘밸리는 최첨단 기술과 거대 자본, 천재들이 모인 본산이라고 해도 과언이 아니다. 그러한 실리콘밸리에서 문과생들을 찾는 이유는, 기업의 성패를 가르는 것은 기술이 아니라 창의성이며, 인문학이 창의성의 요체라는 굳은 공감대가 있기 때문이다.

굳이 실리콘밸리에서 창업한 기업이 아니라 하더라도, ICT 기반의 창업은 전 세계적으로 기하급수적으로 늘고 있다. 사실상 국경의 장벽이 없고, 자원 투자를 필요로 하지 않는 이들 기업들은 기술과 융합을 중심으로 급격히 글로벌화 되며 전 세계로 진출하기 시작했다. 10억 달러1조2천억 원의 기업 가치를 인정받는 유니콘을 넘어, 이제는 유니콘의 10배 이상인 데카콘[9], 100배 이

9. Decacorn. 기업 가치 100억 달러 이상인 기업.

상인 헥토콘[10] 기업들이 등장하고 있다.

이렇게 급성장한 글로벌 ICT 기업들을 빼놓고 외국계 기업 취업과 이직을 논할 수 없다. 전에 없던 창조적인 직무, 일자리를 제공하는 외국계 ICT 기업에 인문학적 식견과 감각을 갖춘 문과생들이 눈을 돌려야 할 때다.

10. Hectocorn. 기업 가치 1000억 달러 이상인 기업.

2

4차 산업 혁명이 돕는 문과생 일자리

18세기 영국에서 발현된 산업 혁명 이후 인류의 삶에 네 번째로 중요한 변화를 가져올 '4차 산업 혁명'이라는 용어는 2016년에 처음 등장했지만, 빠른 시간 동안 급속도로 경제, 산업, 일자리에 핵폭풍급 위력으로 확산하고 있다.

4차 산업 혁명의 핵심에는 인공지능, 빅데이터, 로봇공학, 드론, 자율주행시스템, 사물인터넷IoT, 바이오 등이 있다. 이들 핵심 기술들은 거의 모든 산업 분야에서 새로운 기술 혁신을 부르고 있으며, 나아가 기술을 융합을 통해 더 나은 삶을 이끌고 있다.

2016년 세계경제포럼다보스포럼·WEF은 개막 직전에 발표한 '일자리의 미래' 보고서는 2020년까지 4차 산업혁명으로 인해 총 710만 개의 일자리가 사라지고, 210만 개의 일자리가 창출된다고 전망했다. 이는 기술 발전이 급격한 일자리 감소를 불러올 것이라는 경종을 울린 첫 번째 신호였다. 또한, 새로 창출된 일자리는 모두 과학자, 데이터 분석사, 인공지능 전문가, 엔지니어 등 기술 인력에 국한될 것이라는 경고도 뒤따랐다.

결론적으로, 이 예측은 틀렸다. 기술의 발전이 불러올 '없어 질 일자리'와 '새로 생길 일자리'는 우리의 예상을 빗나간다. 2018년, 글로벌 컨설팅업체 프라이스워터하우스쿠퍼스PwC는 "2037년까지 약 700만 개의 일자리가 사라지지만 생산효율이 높아져 비용은 감소하고, 지출이 늘면서 결과적으로는 720만 개의 일자리가 새롭게 생겨 오히려 일자리는 늘어날 것"이라고 반박했다.

이로부터 다시 2년 후, 세계경제포럼은 2016년 전망을 수정했다. 다시 발표된 <일자리의 미래 2020>라고 제목 붙인 보고서에서 2025년까지 행정·사무 분야를 중심으로 약 8,500만 개의 일자리가 기계 및 기술로 대체될 것이지만, 이러한 변화는 궁극적으로 일자리의 총량을 줄이기보다는 늘리는 방향으로 변화할 것이라고 예측했다. 단순 사무직은 대거 축소되는 반면 인간과 기계, 알고리즘 사이를 연결하는 분야에서 약 9,700만 개의 일자리가 새로 생성된다는 것을 근거로 삼아 나온 숫자이다.

영국 옥스퍼드 대학교의 미래 학자 칼 베네딕트 프레이와 마이클 오스번은 <고용의 미래 : 자동화가 일자리에 끼치는 영향>이라는 보고서를 발표했다. 이의 결론은, 컴퓨터로 할 수 있는 일자리는 사라질 것이며, 컴퓨터로 할 수 없는 일자리는 사라질 가능성이 없다는 것이다.

구체적으로 보면, 향후 20년 안에 미국 내 모든 직업의 47%, 독일 일자리의 42%가 자동화로 인해 사라질 가능성이 높다. 사라질 일자리는 컴퓨터로 이뤄질 수 있는 단순 입력, 데이터의 처리 같은 것들이다. 사라질 수 없는 일자리는 독창성, 순수학문, 예술, 사회적 지각력, 협상, 설득, 동기 부여 같은 영역의 것들이다. 사라질 수 없는 일자리들은 기술, 기계, 인공지능으로 대체되거나 자동화하기가 불가능한 것들이다. 다시 말하면, 4차 산업혁명은 인문학적 지식과 감각을 필요로 하는 일, 독창적인 일, 예술적 감성이 필요한 일, 협력이나 배려 등 사회성을 필요로 하는 일에 더 많은 인적 자원을 요구한다는 것이다.

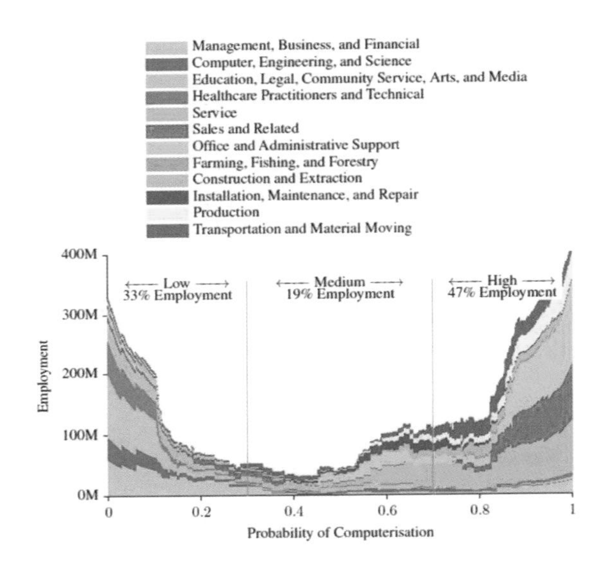

The Future of Emplyement – How susceptible are jobs to computerisation
(URL: https://www.oxfordmartin.ox.ac.uk/downloads/academic/The_Future_of_Employment.pdf(검색일 2023년 3월 2일))

위 그래프에서 보듯이, 기업 경영, 재무, 과학기술, 교육, 법률, 홍보·광고·마케팅, 공공서비스, 헬스케어 등의 직무에 관련된 일자리는 사라질 가능성이 낮다. 이는 기계나 인공지능으로 대체가 불가능하거나, 언젠가는 가능하더라도 매우 장기간의 세월을 요구하는 직무들이다.

이에 대해서는 가장 방대한 데이터와 연구 결과를 갖고 있는 WEF[11]도 의견을 같이한다. WEF는 의사결정 분야에서 여전히 사람이 역할과 근로시간, 기여도가 더 높을 것으로 예상했다. 또한 기술 혁명의 시대에도 논리적·비판적 사고, 분석 및 문제 해결 능력이 가장 중요하며, 사고의 유연성을 가진 인재를 더욱 필요로 할 것이라고 연구 결과를 제시하였다.

디지털 전환 시대는 전례 없이 많은 혁신 기업들의 탄생과 천문학적인 규모의 자본 투입을 가능케 했다. 이는 채용 인력에 막대한 수요를 창출시켰음에 틀림없다. 필연적으로는 기술 인력의 뒷받침을 필요로 하는 것도 사실이다. 그러나 많은 사람들이 간과하는 것은, 엔지니어, 데이터 사이언티스트, 컴퓨터 공학자 같은 기술 인력을 뛰어넘는 문과생들에 대한 수요가 급속히 확대되었다는 점이다.

엔지니어, 공학자, 데이터사이언티스트만을 채용하는 기술 기업들도 상당수 있을 수 있다. 아마도 규모가 작은 기술 중심 회사이거나, 아주 초창기 스타트업일 가능성이 높다.

---

11. The World Economic Forum. 세계경제포럼.

문과생들이 주목해야 할 기업은 원천 기술 제공 기업이나 창업 초기의 기업이 아니다. 이미 검증된 기술력을 바탕으로, 전 세계 고객들을 끌어안는 다국적 기업으로 변모하여 각국에 진출하는 기업들이다.

삼성전자나 현대자동차 등을 위시한 우리나라의 약 2,300개의 대기업들이 철학과, 사학과, 문학과, 사회학과, 정치학과를 뽑지 않는다고 투덜거릴 틈이 없다. 실리콘밸리에는 이미 안정적으로 성장하는 40,000개 기업이 있고, 매년 2천 개가 새로 생겨난다. 그리고 이들 중 상당수의 기업들이 이미 세계 경제 10위의 한국으로 진출해 있고 매년 그 숫자는 늘고 있다.

역설적이게도, 4차 산업 혁명은 문과생들의 일자리를 만드는 데에 한몫 단단히 하고 있다.

3

외국계 테크 스타트업이 모셔간 문과생들

한국 최대의 IT 기업 중의 하나인 회사의 스토리지 사업부에 근무하던 C 대리는 올해 한국 진출 2년 차인 페이먼트 관련 외국계 스타트 업으로 이직했다.

"모두들 선망하는 기업에 다니고 있었지만, 문과 출신인 제게 맡기는 일은 시장 조사, 제안서 작업이나 상품 매뉴얼의 검수 같은 지루한 업무뿐이었어요. 매출 비중도 높고 잘 나가는 부서에서 근무했지만, 높은 인사 평가를 받는 동료들은 기술 영업직군들이거나 상품 기획 담당들뿐이었죠."

써치펌을 통해 경력 기간을 인정받고 이직한 회사에서 C 대리의 직함은 'PO Product Owner'이다. 애자일 Agile 조직 체계를 도입한 외국계 기업에서 자주 활용되는 PO는 그야말로 어떤 상품의 총괄 책임자를 의미한다. C 대리는 실리콘밸리에 본사를 둔 이 스타트업에서, 회사의 주력 상품 서비스 중 하나를 맡아서 이의 기획, 개발, 마케팅, 판매, A/S까지 모든 사업 절차를 진두지휘하고 있다.

"제가 문과생으로 IT 기업에서 성공하기는 대단히 어려울 것이라는 것을 알았습니다. 제가 이직한 회사는 기술 기업이기는 하지만 핀테크Fintech 기업으로 분류됩니다. 동료들의 20~30%만 이공계 출신이에요.

어차피 원천 기술과 소프트웨어는 미국 본사에 있으니, 한국 현지법인에는 엔지니어들보다 마케팅, 전략, 기획, 영업 인력이 더 많이 근무합니다. 한국 시장에서의 성패도 기술 자체보다도 기술을 어떻게 마케팅하고 유통하느냐에 달려있는 것이죠."

C 대리는 PO 포지션을 맡으면서 상품 개발과 관련된 기술에 대한 식견도 높아지는 것을 느낀다고 했다. 엔지니어들과 데이터 사이언티스트들과 하루 종일 붙어 일하면서 자연스럽게 기술 영역에 대한 관심도는 물론 문과생으로서 기술자들과 일하는 법도 체득해 가고 있었다.

Joy는 대학교에서는 국어국문학을, 대학원에서는 언어학 석사를 취득했다. 학교에 다닐 때 아르바이트 겸으로 하던 학원 강사 일을 졸업 후에도 계속했고, 어느샌가 직업이 되었다. 잠시 대형 학습지 회사에서 정규직원으로 일한 적도 있었지만 적성에 맞지 않아 다시 학원으로 되돌아온 것도 있었다. 그러던 중 우연힌 기회에 인공 지능 통역 플랫폼을 제공하는 외국계 스타트업에 온라인 튜터로 지원한 것이 계기가 되어 직원으로 입사하게 되었다. 출근과 재택근무를 겸하는 그녀는 'Contents Marketing Lead'라는 직함을 갖고 있다

"통번역 쪽에는 나름 많이 알려진 스타트업이라서 회사에 자부심을 느끼고, 마침내 전공을 살린 일을 찾았다는 안도감도 듭니다. 인공지능 기반의 외국계 테크 기업이라 많은 사람들이 도전하지 않는 것 같아요. 특히 저 역시도 순수 문과생이라 아예 지원할 생각은 못 했었지요."

Joy 역시 기술이나 인공지능, 플랫폼 시스템 등에 대한 이해도가 전혀 없지만 직무 수행에 전혀 어려움이 없다고 말한다. 어차피 기술은 그 영역의 전문가인 동료들이 맡아 지원해 주고, 자신

의 소비자에게 전해지는 프론트엔드 사업과 마케팅만 고민하면 된다는 것이다.

"오히려 해외 본사의 기술 담당 직원들이나 한국의 개발자들이 제게 의존을 많이 합니다. 사용자 경험이나 피드백은 어떤지, 한국이나 아시아 문화권에서 느끼기에 UI나 폰트 같은 것들이 적절한지, 한국의 콘텐츠 유통 채널들이 다른 나라들과 비교해 어떻게 다른지 등등 항상 질문들이 많지요."

많은 외국계 IT 스타트업들에게 한국은 가장 선호되는 테스트베드[12] 국가이다. 2020년 스위스 국제경영개발연구원IMD에서 발표한 디지털 경쟁력 평가 결과에서 한국은 평가 대상 63개국 중 8위로 자리매김했다.

한국은 세계 모바일 게임 지출액 순위 4위, 구글플레이 모바일 앱 지출 등에서 세계 최상위에 이름을 올린다. 매년 적지 않은 실리콘밸리의 신생 회사들이 시리즈 투자가 끝나고 해외 시장

---

12. Test Bed. 새로운 기술 · 제품 · 서비스를 만들었을 때 잘 작동하고 효과적인지 테스트하는 시스템 · 설비 · 환경을 뜻한다.

진출을 모색할 때 앞다투어 한국에 사업을 런칭하는 이유이다. 그리고 이들 기업에 한국에서 사업 확장을 꾀할 때 뽑고자 하는 인재는 대부분 기술 인력들이 아니다.

다국적 IT 기업에서 임원으로 재직하다가, 외국계 데이터 분석 플랫폼 회사의 한국지사장과 동아시아 지역 사장을 겸하고 있는 Andy 대표는 한국에서 현지인을 채용하는 데 다음과 같은 어려움이 있다고 밝혔다.

"본사가 한국에 진출할 때 기대하는 것은 신기술의 개발이 아닙니다. 한국에도 뛰어난 개발자들이 많은 것은 사실이지만, 한국 진출의 목표의 최우선 순위는 한국에서의 고객 확보입니다. 기술 인력보다 전략, 마케팅, 지원 인력이 더 절실하죠. 문제는 이들이 지원하지 않는다는 것입니다."

문과생들이 외국계 IT 스타트업에 지원하기를 꺼리는 이유로 그는 2가지를 꼽았다. 첫 번째는, 외국계 기업인 데다가 스타트업이니 고용 안정성이 떨어질 것이라는 선입견, 두 번째는 IT 기업이 특성상 문과 전공자들이 생존하기 어려울 것이라는 기우 때문이라는 것이다.

Andy 대표의 이 말은 문과생들에게 외국계 IT 스타트업에 기회가 있다는 말과 다름없다. 채용의 문은 국내 IT 기업보다 넓고, 외국계 기업들의 고용 안정성이 한국 기업에 비해 떨어지지 않는다는 점은 이미 검증된 사실이고, 스타트업이기 때문에 멀티플레이어로서 배우고 경험할 것이 훨씬 많다는 의미이기 때문이다.

도전하는 이가 적다는 것은 기회와 가능성이 그만큼 크다는 말이기도 하다.

4

문과생에게도 보이는 기술 혁신 트렌드

디지털, 자율주행, 인공 지능, 3D 프린팅, 바이오, 핀테크, 로봇 등 4차 산업 혁명과 관련된 외국계 유니콘 기업에서 일하고자 한다면, 문과생들 역시 기술에 대한 지식과 인사이트를 갖추어야 한다. 직접 프로그래밍이나 코딩, 통계 수학이나 기계를 다룰 줄 알아야 한다는 것이 아니다. 기술 기반의 외국계 IT 기업들이라면 한국에도 이미 전문 인력들이 있고, 해외 본사에는 원천 기술과 하이엔드 테크니션들이 포진하고 있다.

물론 문과생들이 외국계 IT기업에 취업하기 위하여, 프로그래머, 엔지니어로 변모하여 취업하는 사례들도 크게 증가하고 있다. 문과생들이 갖고 있는 소양을 바탕으로, 기술을 배워서 대학과 대학원에서 공학을 전공한 전문가들과 경쟁하는 것도 큰 의미가 있음은 부인할 수 없다. 그러나 여기서는 외국계 IT 기업의 비기술직군, 비개발직군에서 성공적인 커리어를 쌓고자 하는 문과생들을 위한 방안에 국한하고자 한다.

서점에는 기술 혁신 트렌드에 관련한 책들이 넘쳐나고, 인터넷에서도 각종 국제적 기구, 포럼, 학회, 대학 등에서 기술의 미래를 점치는 다양한 자료를 쉽게 찾아볼 수 있다.

기술 트렌드를 가장 직관적으로 빠르게 이해하는 방법은, 미국의 기술 연구 및 컨설팅 회사인 가트너Gartner Inc의 '신기술의 하이프 사이클Hype Cycle for Emerging Technologies'을 보는 것이다. 여기서 하이프 사이클Hype Cycle은 기술의 성숙도를 표현하는데, 'Hype Cycle'을 직역하면 '과장 곡선' 혹은 '과잉 기대 곡선' 정도가 된다. 기술에 대한 시장의 기대가 어떻게 변하는지 경험적으로 정리한 것이다.

결론적으로, 가트너 하이프 사이클 보고서는 유망기술이 "출현 단계에서 폭발적으로 성장해 정점에 달한 후 성숙 단계를 거쳐 서서히 안정기로 접어드는 일련의 과정"을 예측하는 것이라고 할 수 있다. 가트너는 2,000개 이상 유망기술에 대한 학계, 전문가, 기업가, 관료 등의 의견을 수렴해 향후2년 이내에서 10년 이후까지 주목받을 것으로 분석·예측한 기술을 성장 주기별로 포지셔닝하여 그래프로 나타내 보여준다.

이 그래프가 우리에게 중요한 이유는, 하이프 사이클이 시장이 특정 인력을 구하는 트렌드이기 때문이다. 이 데이터는 많은 비판에 직면하기도 하지만, 창업, 이직, 구인/구인, 고용 등에 있어 기술 산업의 트렌드를 가장 정확히 반영한다는 평가를 받고 있다.

먼저 지금으로부터 5년 전인 2017년에 가트너가 예측한 핵심 기술 트렌드를 보자. 5년 전 데이터를 보는 이유는, 그 당시 시장 기대의 정점에 있던 혁신 기술들이 5년이 지금 이 시점에 얼마나 현실화, 기업화, 상용화 되어 있는지를 확인할 수 있기 때문이다.

2017년도에 시장 기대의 정점Peak of inflated expectation에 있었던 혁신 기술들은 다음과 같다.

원격 근무 솔루션Virtual Assistant

스마트홈Connected Home

딥러닝DL과 머신러닝ML

자율주행기술Autonomous Vehicle

나노 전자Nanotube Electronics

인지 컴퓨팅Cognitive Compution

블록체인Block Chain

상용 드론Commercial UAWs, Drones

자아정량화 자문Cognitive expert advisors

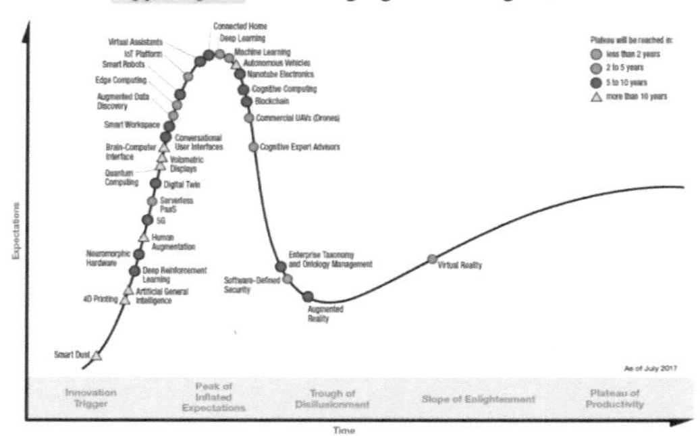

Hype Cycle for Emerging Technologies, 2017
(URL: https://www.gartner.com(검색일: 2022년 12월 9일))

그리고, 이 기술들은 각각 짧으면 2년 이내에, 길면 10년 이내에 시장에 정착될 수로 예견되었다. 5년이 지난 지금 시점에서 이 예측들이 놀랍도록 들어맞는다는 것을 알 수 있다.

기술자나 개발자들이 아닌 문과생들도, 5년 전 기대의 정점에 있던 이 9개 기술을 기반으로 하는 기업들이 지금 채용사이트를 점령하고 있다는 것을 쉽게 알 수 있을 것이다. 원격재택 근무를 위한 화상 솔루션, 노트북, 홈오피스 기자재들 관련 기업들은 일할 사람을 찾지 못해 아우성친다. 한국의 굴지의 자동차 기업들은 자율주행 자동차를 너머 자율 비행 항공기 사업에 나섰고, 대부분의 금융회사들은 블록체인 기반의 핀테크 사업 확장이 여념이 없다. 보험회사들은 자아정량화 데이터를 기반으로 한 헬스케어 서비스 구축에 나섰고, 딥러닝·머신러닝 기반의 프롭테크PropTech, 핀테크FinTech, 어그테크AgTech, 콘테크ConTech, 푸드테크FoodTech, 뷰티테크BeautyTech 기업들이 넘쳐난다.

보험회사에서 법인 영업을 담당하던 문과생이 실리콘밸리에 본사를 두고 한국에 진출한 인슈어테크InsurTech[13] 기업으로 이직하고,

---

13. Insurtech. 보험(insurance)과 기술(technology)의 합성어. 핀테크의 한 영역이자 인공지능(AI), 사물인터넷(IoT), 빅데이터 등의 IT기술을 활용한 혁신적인 보험 서비스.

취업이 안되서 공인중개사 시험을 본 문과 출신 취준생이 세계적인 PE[14]에 인수된 프롭테크[15] 기업으로 간다. 국문과/영문과 혹은 제2외국어를 전공한 어문계열 학생들이 머신러닝 기반의 음성인식 다국적 기업으로 가고, 문예창작과, 심리학과를 나온 학생들이 다국적 Multi Channel Network 기업의 콘텐츠 마케터로 간다.

경제학, 사회학, 정치외교학 등 인문사회계열 전공자들은 한국 진출을 확대하는 외국계 바이오, 헬스케어, 금융 서비스 회사에 Recruiter[HR], 전략 기획, 마케터, Researcher 등 수요가 급격히 늘어난 직무에 배치된다. 결국 4차 산업 혁명이 끊임없이 쏟아내는 일자리에 문과생들이 혁신과 기술의 트렌드를 읽고 준비하는 것이 중요하다는 말이다.

지금으로부터 5년 전, 2017년도에 기술 트렌드를 읽고 이에 대한 준비를 했던 문과생이라면 4차 산업 혁명이 엔지니어, 데이터 과학자들에게만 기회를 주는 것이 아니라는 사실을 여실히 깨닫고 있을 것이다.

---

14. Private Equity Fund. 사모펀드.

15. Proptech. 부동산 자산(property)과 기술(technology)의 합성어. 즉, 첨단 기술을 접목시킨 부동산 서비스 산업.

기술 혁신 트렌드 실전 읽기

기술 혁신 트렌드와 관련한 가장 최근의 가트너 보고서는 <2023 Gartner Emerging Technologies & Trends Impact Rador> 인데, 심지어, '향후 3년~8년 사이에 세상을 혼란에 빠뜨릴 4가지 기술 Four Emerging Technologies Disrupting the Next Three to Eight Years'이라는 부제를 달았다.

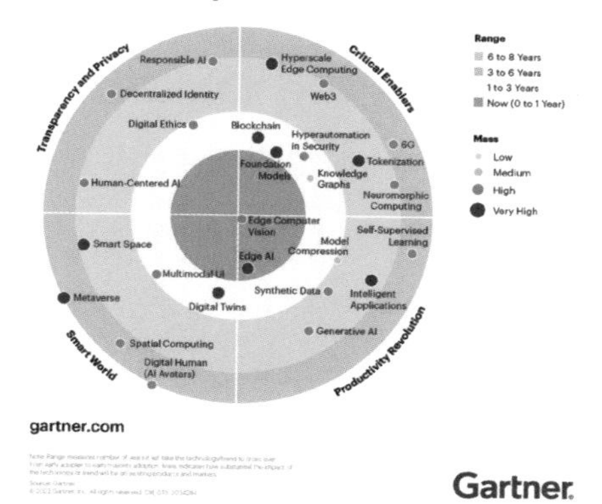

2023 Gatner emerging technologies and trends inpact rader
(URL: https://www.gartner.com/en/articles/4-emerging-technologies-you-need-to-know-about(검색일: 2023년 4월 11일))

가트너는 금번 보고서를 통하여, 향후 특히 흥미롭고 산업의 기반을 근본적으로 뒤바꿀 수 있는 것으로 생각되는 네 가지 핵심 기술을 제시하였는데, 그것은, 뉴로모픽 컴퓨팅Neuromorphic Computing, 자기 지도 학습Self-Supervised Learning, 메타버스Metaverse, 인간 중심의 인공지능Human-Centered AI이다. 하나씩 확인해보자.

뉴로모픽 컴퓨팅Neuromorphic Computing

중요한 인에이블러인 뉴로모픽 컴퓨팅은 디지털 또는 아날로그 처리 기술을 사용하여 생물학적 뇌의 작동을 보다 정확하게 모델링하는 메커니즘을 제공 것으로, 향후 기술 선도적인 기업들은 이를 3년~6년 내에 채택할 것이라고 예견하였다.

뉴로모픽 컴퓨팅 시스템은 제품 개발을 단순화하여 제품 리더가 현실 세계의 예측 불가능성에 더 잘 대응할 수 있는 AI 시스템을 개발할 수 있도록 돕는다. 이들의 '자율적 기능'은 실시간 이벤트 및 정보에 신속하게 반응하고 다양한 미래 AI 기반 제품의 기반을 형성할 것으로 예상된다. 초기 사용 사례에는 이벤트 감지, 패턴 인식 및 소규모 데이터 세트 교육이 포함된다.

뉴로모픽 컴퓨팅은 인공지능 AI 칩으로는 달성할 수 없는 절전 및 성능 이점을 제공할 것으로 예상되기 때문에, 관련 제품과 시장에 미칠 영향은 매우 파격적일 것이라고 보고서는 언급하였다.

자기 지도 학습Self-Supervised Learning

자기 지도 학습은 데이터에 주석을 달고 레이블을 지정하는 자동화된 접근 방식을 사용하여 생산성을 가속화하는 것을 의미하며, 향후 6~8년 정도의 시간을 거쳐 대중화 될 것으로 예상하였다.

자기 지도 학습 모델은 정보가 다른 정보와 어떻게 관련되는지 학습하는 데, 예를 들어, 어떤 상황이 일반적으로 다른 상황보다 선행하거나 뒤따르는지, 어떤 상황이 펼쳐지고, 어떤 답들이 언제 어떤 형태로 제시될 수 있을지를 스스로 학습하고 예견한다.

학계에서는 최근에야 등장했으며 현재 제한된 수의 AI 회사에서 시행하고 있지만, 컴퓨터 비전 및 NLP 제품에 중점을 둔 몇 몇 IT 회사들은 최근 제품 로드맵에 자기지도 학습 기능을 탑재하였다. 가트너에 따르면, 자기 지도 학습의 잠재적인 영향과 이점은 대규모 데이터 세트에 대한 액세스가 제한된 조직으로 기계 학습의 적용 가능성을 확장하므로 광범위하다. 그것의 관련성은 일반적으로 레이블이 지정된 데이터, 주로 컴퓨터 비전 및 NLP에 의존하는 AI 애플리케이션에서 가장 두드러진다는 평가를 받고 있다.

메타버스 Metaverse

메타버스는 몰입형 디지털 환경을 제공하여 스마트한 세상을 촉진한다. 메타버스의 개념은 한국에서도 더 이상 낯설지 않다. 특히 COVID-19라는 환경 속에서, 많은 기업들이 초기 형태의 메타버스를 도입하여, 근무 환경을 개선함과 동시에 협업의 효용을 극대화하는 성과를 이루기도 하였다.

메타버스는 향후에도 기존 제품과 시장에 매우 큰 영향을 미칠 것로 평가받는다. 물리적 세계의 실시간, 공간적으로 구성되고 인덱싱된 콘텐츠와 교차하는 지속적이고 분산되고 협력적이며 상호 운용 가능한 디지털 콘텐츠를 가능하게 만들기 때문이다. 그러므로 신흥 지원 기술 및 추세에는 공간 컴퓨팅 및 공간 웹이 포함되지만 이에 국한되지는 않을 것으로 보인다.

가트너는 메타버스로의 전환과 가속화는, 기존의 아날로그에서 디지털로의 전환만큼 중요할 것으로 기대할 수 있다고 언급하였다.

인간 중심의 인공지능Human-Centered AI

HCAIHuman-centered AI는 AI가 사람과 사회에 혜택을 주어 투명성과 개인 정보 보호를 개선할 수 있도록 하는 일반적 원칙까지 구현한 것에 방점을 두고 있다.

HCAI는 학습, 의사 결정 및 새로운 경험을 포함한 인지 성능을 향상시키기 위해 함께 일하는 사람과 AI의 파트너십 모델을 의미한다. HCAI는 때때로 '증강 지능', '켄타우로스 지능' 또는 '휴먼 인 더 루프Human in the Loop'라고도 하지만, 더 넓은 의미에서 완전히 자동화된 시스템이라도 인간의 이익을 목표로 해야 한다는 가장 중요한 원칙을 견지한다.

HCAI를 통해 공급업체는 AI 위험을 관리하고 자동화를 통해 윤리적이고 책임감 있으며 효율성을 높이는 동시에 인간의 손길과 상식으로 AI를 보완할 수 있을 것이다. 많은 AI 공급업체는 이미 보다 영향력 있고 책임감 있는 HCAI 접근 방식으로 입장을 전환하고 있지만, AI 제품 개발에 대한 기술 중심 접근 방식은 벤더가 AI 제품 전략을 재고하도록 촉구하면서 수많은 부정적인 영향을 초래하기도 한 것이 사실이다.

HCAI의 잠재적 영향은 인간의 능력을 활용하여 인간의 생산성을 높이고 피할 수 있는 제한, 편견 및 맹점을 제거하기 때문에 더욱 활용도와 파급력이 높을 것이다.

앞서 본 2017년에 원격 및 재택 근무 솔루션Smart Workspace, Virutal Assistants등의 기술들도 향후 5년~10년 내에 사용화 될 것이라는 가트너의 예상은 COVID-19 덕분에 무려 5년이나 앞당겨 졌다. 현재 시장 기대의 정점에 있는 구성가능한 어플리케이션Composable Application, 임직원 커뮤니케이션Employee Communication Application, 데이터 패브릭Data Fabric은 스마트 워킹의 필수적인 핵심기술이므로 이 분야의 기업들의 확장은 훨씬 빨라질 수밖에 없을 것이다.

여기에서, 커뮤니케이션 리드, 탄력적인 인사조직 체계 운영, 통합적인 마케팅 및 브랜드 전략 수립은 온전히 문과생들의 역량이 발휘될 직무들이다.

위 신기술에 대한 이해를 돕는 콘텐츠는 인터넷과 서점에 널려 있다. 기술자, 개발자가 아닌 일반 독자들도 쉽게 접근할 수 있는 많은 도서들이 있고, 유튜브나 블로그, 링크드인 같은 SNS에도 무료 강의가 셀 수 없을 정도로 많다. 이러한 자료들을 통해 기술 자체를 다루는 법을 배우라는 것은 아니다. 우리에게 최신 기술을 설명하는 자료는 기술 혁명의 현주소와 트렌드를 이해하는 안목을 기르는 것으로써 의미를 갖는다.

한 가지 덧붙여, 혁신 기술의 트렌드를 읽고 이해한다는 것은 구직자든 이직자든 상관없이 몸담을 외국계 기업에서 갖출 수 있는 핵심 경쟁력 중 하나이다. 반드시 정보통신 기업, 디지털 기업이 아니라 하더라도 모든 외국계 기업의 직무는 이제 기술 혁신의 영향을 받고 있다. 문과생들이 외국계 기업에서 주로 일하게 될 인사, 전략, 기획, 영업, 마케팅, 구매, 재무 등 모든 직무는 신기술에 대한 이해와 활용을 필요로 한다.

많은 문과생들이 외국계 기업 입사 시에 핵심 역량으로 어학을 꼽지만, 어학 능력 자체가 직무에 있어 차별성이나 경쟁력을 가져다줄 수는 없다. 새로운 기술의 트렌드에 대한 이해를 바탕으로 이를 직무에서 활용하거나, 새로운 사업 모색, 기존 업무의 효율성 증대에 활용하는 아이디어와 감각을 갖춘다면 단연코 돋보이는 탤런트로 인정받을 수 있을 것이다.

6

실리콘밸리가 문과생에게 거는 희망

《문과생인 당신이 지금 해야 할 일》의 저자인 이와사키 히데토시는 일본흥업은행, JP모건, 메릴린치, 리먼브러더스 등 굴지의 다국적 투자은행들의 임원을 역임했다. 그는 문과생들에게 기업이 원하는 것은 지식이나 기술이 아니라, '간단하게 답이 나오지 않는 문제'를 분석하는 힘이라고 썼다. 월가의 다국적 투자은행들에서 저자는 수많은 최고의 엔지니어, 통계학자, 금융 공학자들과 일했고, 그들 모두 영어도 완벽했지만, 그 중에는 '인재'라고 할 만한 사람은 부족했다고 말한다. 그들은 기술로 구현한 자료와 데이터를 보여줄 뿐, 비판적 사고를 갖고 복잡한 문제를 자신의 '머리'로 분석하는 사람은 드물었다는 것이다.

보스턴 컨설팅과 AT커니를 거쳐, 세계 최대의 인사 컨설팅 기업인 콘페리헤이그룹의 시니어 파트너로 일하면서, 베스트셀러

《철학은 어떻게 삶의 무기가 되는가》를 펴낸 야마구치 슈 역시 이와 똑같은 인사이트를 내놓는다.

그에 따라면, 세계 최고의 글로벌 기업들은 스페셜 리스트가 아니라 제너럴리스트를 키운다. 스페셜 리스트가 기술자라면, 제너럴리스트는 경영자이다. 전 세계 모든 글로벌 기업들의 전문경영인은 절대 다수가 제너럴리스트들이고, 이들은 인문학, 철학, 예술과 문학의 전공자들이다.

왜 그럴까?

그와 함께 《일을 잘한다는 것》의 공동 저자인 구스노키 겐이 그에 대한 대답을 내놓는다. 기업의 목적은 돈을 버는 것이고, 비즈니스의 제너럴리스트가 "돈을 버는 데에 책임이 있는" 사람이기 때문이다. 기술은 주니어 때, 혹은 중간관리자로서 자신의 업무의 루틴을 반복하여 회사의 생산성, 제품, 서비스 향상을 가져오지만, 제너럴리스트는 사업을 구상하고, 조직하고, 분석하고, 지휘하고, 이끄는 사람이다.

스페셜 리스트의 기술력은 학교나 전문 교육기관에서 양성될 수 있지만, 제너럴리스트가 갖는 감각, 창의력, 비판적 사고력은 단기간 내에서 길러질 수 있는 것이 아니다. 이것이 앞서 살펴본 대로 다국적 기업들이 문과생들을 뽑고 기존 임직원들에게도 지속적인 인문학과 예술을 교육하는 이유이다.

4차 산업 혁명의 시대를 열게 한 디지털과 데이터, 로봇 공학, 자율 주행, NFT, 블록체인 등의 신기술이 급속하게 시장 속으로 안착하여 상용화 단계를 맞게 됨에 따라, 미국과 유럽을 중심으로 한 기술 선진국들은 기술 그 이상의 가치와 감성에 주목하기 시작했다. 그러한 감성, 감각 등은 아직 인공 지능의 영역이 아니며, 앞으로도 장기간 그럴 것이 분명하다.

인공 지능이 대체하는 지능은, 단순·반복 작업으로 패턴을 발견하거나, 스스로 수많은 시행착오를 거쳐 최적값을 도출하는 계산에 기반한 사고의 영역이다. 인공 지능은 인간에게 편의성, 정확성, 가능성을 제공하지만, 그 이상 인간이 필요로 하는 가치를 제공하지 못한다면 가치의 끝은 거기까지인 것이다.

구글 딥마인드 프로젝트의 인공지능 총아로 혜성처럼 등장한 알파고는, 2016년 한국의 바둑기사 이세돌 9단을 꺾음으로써 세계 바둑을 사실상 제패했다. 개발된 지 2년, 기계 학습을 시작하고 인간 프로 기사들에게 도전한 지 1년 만에 1500년간 쌓은 인간의 바둑의 내공을 여실히 무너뜨렸다. 한국기원에서 (명예) 프로 9단 단증을 수여하게 되어 알파고 9단이 되었다. 그리고는 공식적으로 프로 바둑계에서 은퇴하였으며, 구글은 알파고 프로그램 개발은 더 이상 없다고 선언했다. 세계 1위의 프로 바둑기사가 된 알파고는 그렇게 은퇴했지만, 바둑은 아시안 게임 정식 종목으로 채택되는 등, 여전히 인간은 바둑에서 도전과 수양의 가치를 찾는다.

넷플릭스는 사실상 경쟁자를 찾기 어려운 세계적인 엔터테인먼트, 콘텐츠, 미디어 기업으로 도약했다. 넷플릭스가 스트리밍 서비스 사업을 본격적으로 시작했을 때 많은 사람들을 놀라게 한 것은 영화 자체보다는 콘텐츠 추천 시스템이었다. 매우 정교하게 시청자들의 취향을 저격하여 추천 콘텐츠를 띄우고, 이러한 정교한 시스템은 전 세계 2억 명이 넘는 사람들을 회원으로 불러 모으게 했다.

넷플릭스가 빅데이터에 많은 역량을 집중적으로 투자하고 있는 것은 사실이다. 유통뿐 아니라 직접 제작 사업에 나선 이후에는 콘텐츠 한 편을 제작하기 위하여, 누가 출연하고, 누구에게 감독을 맡기며, 어떤 장르를, 어떤 시청자 타겟으로, 어떤 분량으로 촬영할지 등 모든 분야에 빅데이터가 활용되는 것으로 알려져 있다. 그러나, 정작 넥플릭스를 데이터 기업으로 우뚝 서게 한 콘텐츠 추천 서비스는 빅데이터나 인공 지능 등 기계에 의존하지 않는다.

넷플릭스에는 태거Tagger라는 콘텐츠 관리팀이 존재한다. 태거는 콘텐츠 하나하나를 시청하고 여기에 '태그tag'를 붙인다. 이들은 해당 영화나 드라마를 꼼꼼히 감상하고, 최대한 많은 감상평을 태그로 만든다. 그 양은 숫자로 세거나 그룹으로 분류가 불가능할 정도로 방대하고 자유롭다. 이는 최대한 많이, 그리고 최대한 상세히 작성된다. 언론 보도에 따르면, 태거들은 데이터나 통계 프로그램 기술자와는 전혀 무관하게 인문학이나 예술, 사회과학 등을 전공한 이들로 충원된다.

넷플릭스는 빅데이터 기업의 반열에 올랐지만, 사업의 핵심 사업에는 문과생들의 감성과 창의력, 비판적 사고가 자리 잡고 있다.

V

슬기로운 외국계 기업 입사 준비

1

외국계 기업 마피아로 살기로 한 당신에게

당신이 가장 먼저 해야 할 일은, "나는 외국계 기업에서 성공하겠다."라고 결심하는 것이다.

당신은 한국에 진출한 14,000여 개의 글로벌 기업들의 한국 현지 법인으로 가기로 결정했다. 수많은 취준생들이 노리는 한국의 64개 대기업 집단과 그 산하의 약 2,300개 계열사는 당신이 가야 할 곳이 아니다. 외국계 기업에서 성공적인 경력을 쌓으면 한국 기업은 언제라도 갈 수 있다. 다국적 기업에서의 실무 경험과 리더십을 쌓은 당신은, 휘황찬란한 스펙이나 토익 만점 같은 성적표가 없어도 한국의 대기업에서 언제든 환영받을 것이다.

2021년 기준, 포춘Fortune이 선정한 500개 기업 중 한국 기업은 겨우 15개뿐이다. 그리고 이 15개 대기업들이 500개 기업에서 차지하는 매출 비중은 겨우 2% 남짓이다. 가장 높은 순위의 삼성전자도 글로벌 기준에서는 15위, 현대자동차는 83위, SK는 129위에 불과하다. 국내 대기업 경력보다 포춘 500대 기업에서의 근무 경력이 더 빛날 수 있다는 이야기이다.

당신이 외국계 기업에서 성공하기로 결심했다면 페이팔 마피아PayPal Mafia처럼, 당신은 상상 이상의 글로벌 네트워크 안으로 들어갈 기회를 얻을 수 있다.

페이팔 마피아는, 페이팔의 설립과 운영에 참여했던 직원들 중 회사를 떠난 뒤 저마다의 유니콘 기업을 이룬 사람들의 그룹을 지칭한다. 이들은 정기적으로 아이디어를 공유하고, 상호 인재를 교환하거나, 경우에 따라서의 공동 투자 형태로 인간적, 사업적 유대관계를 지속했다. 이 멤버들에는 페이팔의 공동창업자 겸 최고경영자CEO인 피터 틸과 공동 설립자였던 일론 머스크, 천재적인 엔지니어 맥스 레브친, 유튜브YouTube를 만들고 훗날 구글에 매각한 스티브 첸과 채드 헐리, 링크드인LinkedIn 창업자 레이드 호프먼, 옐프Yelp를 창업하고 나스닥 상장에 성공한 제레미 스토플만, 500 Startup의 CEO인 데이브 맥클루어들이 포함되어 있다.

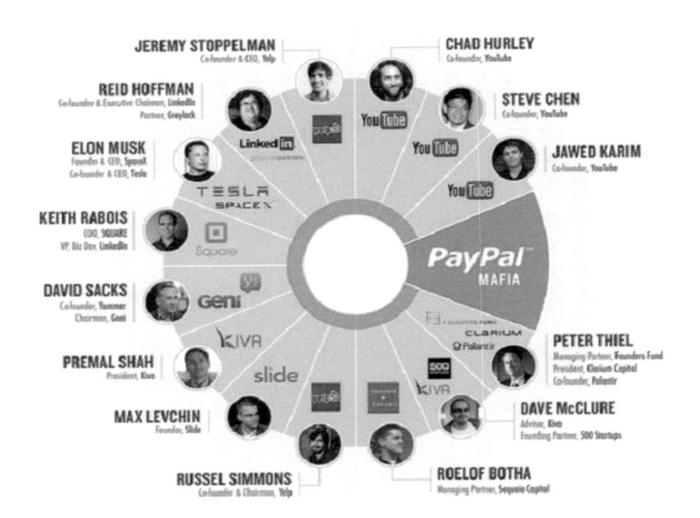

이해를 돕기 위한 페이팔 마피아 이미지
(URL: http://www.thelowdownblog.com/2014/07/how-paypal-mafia-redefined-silicon.html(검색일 2023년 2월 3일))

이들 유명인들 뿐 아니라, 이들과 같이 일했던 많은 동료, 직원들까지 페이팔의 기업가 정신을 공유하면서 실리콘밸리에 막강한 영향력을 행사하고 있다.

외국계 기업 취업 자문을 할 때 특히 많이 받는 질문 중 하나는 이것이다.

"그래도 한국에서는 인맥이 중요합니다. 외국계 기업은 그런 게 없어서 오로지 실력으로만 버텨야 하는 게 아닌가요?"

"은퇴하고 조그만 사업이라도 하려면, 그래도 대기업 인맥이 안전하지 않나요?"

그런 경우 나는 "외국계 기업 마피아가 돼서 그 인맥을 전 세계로 확장하세요."라고 조언한다. 그 안으로 뛰어 들어 인사이더가 되라고 말한다.

마피아라는 개념은 이너서클Inner Circle이 갖는 폐쇄성 때문에 부정적으로 인식되는 경향이 있지만, 페이팔 사례에서는 창업 동료 서로를 견인해 주고 이끌어 준다는 의미로 쓰였다. 외국계 기업 임직원들만이 갖는 강력한 공동체 의식, 동료 의식이다. 외국계 기업에서 내가 닿을 수 있는 인맥은 글로벌하게 완전히 개방되어 있다. 그리고 그들이 어느 나라에 있든 그들은 대부분 나와 마찬가지로 외국계 기업에서 일하는 동료들로서 어떤 기회를 통해서도 그 확장성은 무궁무진하다.

같은 글로벌 기업에서 근무하면서, 같이 공유하는 직무 내용과 철학, 공동 작업의 경험들은 국내 대기업의 그것보다 훨씬 더 많은 기회를 제공한다. 소문이 빠른 글로벌 마켓에서는 당신의 진가를 알아보는 경쟁사들의 리크루터나, 헤드헌터 혹은 과거 동료들이 수시로 이직 의사를 물어올 것이다. 한국 현지 법인에서 성공적인 모습을 보여준 당신의 경력을 다른 나라의 다른 기업들이 기꺼이 사고자 할 것이다.

외국계 기업으로 가겠다는 결심을 굳혀라. 공채 기수나 서열화된 조직에 갇히기보다, 다국적 기업의 임직원으로, 세계 시민으로 일할 기회를 찾겠다고 마음먹어라. 그것이 외국계 기업에 합류할 당신이 가장 먼저 해야 할 일이다.

산업통상자원부에서 한국에 진출한 모든 외국계 기업 정보를 열람하고 엑셀로 다운로드 받을 수 있다. 아래 QR 코드로 확인해 보자.

정책 정보 → 통계정보 → 외국인투자기업정보

2

당신이 취업준비생이라면

COVID-19은 신입 채용의 취업 시장의 판도를 완전히 뒤바꾸어 놓았다. 우선 나쁜 변화는, 대기업이나 공기업, 금융회사들의 신입 채용 규모가 전례 없이 급격히 줄어들었다는 점이다.

2022년 9월, 전국경제인연합회가 국내 매출액 상위 500대 기업을 대상으로 향후 신입 채용 계획을 조사한 결과, 응답 기업의 38%만 채용 계획을 세웠다고 답했다. 대기업 10개 중 6개는 신입사원 채용 계획이 없다는 뜻이다. 한국을 비롯한 모든 나라들이 COVID-19 이후에 자산 가치의 하락, 강强달러, 인플레이션 등의 여파로 예전에 겪지 못했던 긴 불황을 앞두고 있다는 점은, 향후에도 대기업들의 신입사원 채용은 보다 줄어들 것임을 강력히 시사한다.

좋은 변화는, COVID-19 이후 바야흐로 '대퇴사의 시대'가 도래했다는 것이다. 대퇴사 시대는 MZ세대1980년대 초~2000년대 초 출생한 밀레니얼 세대와 1990년대 중반~2000년대 초반 출생한 Z세대를 통칭가 주도한다. 딜로이트Deloitte 컨설팅의 조사에 따르면, 세계 42개국의 M세대 1만3416명 중 응답자의 49%가 향후 2년 안에 현 직장을 그만둘 것이라고 답했다.

대퇴사에 더불어, MZ 세대들의 이른바 '조용한 사직Quiet Quitting'도 일종의 열병처럼 번지고 있다. 20~30대 젊은 세대들이, 직장의 선택과 유지에 있어 가장 중요한 요소로 '좋은 업무 환경과 일과 삶의 균형'을 최우선시하면서, 더 이상 상명하복, 초과근무, 열정페이 등은 직장 생활의 미덕이 아니게 된 것이다.

대퇴사와 조용한 사직이 취업준비생들에게 좋은 소식인 이유는 무엇일까? 이러한 트렌드를 이미 2~3년 앞서 경험한 글로벌 기업들은, 주로 MZ 세대들인 취업준비생들에게 취업 문호를 더 넓혀 놓았기 때문이다. 일반적으로, 사원 한명이 퇴사를 하면 퇴사자 연봉의 약 33%가 기업의 금전적 손실로 이어진다는 통계가 있다. 따라서 글로벌 기업들은 일찌감치 MZ 세대들의 마음을 사기 위해 새롭게 세운 채용 평가 기준은 더 이상 학벌이 아니다.

글로벌 기업들은 학벌, 전공, 자격증, 어학 같은 기존의 전통적 채용 평가 기준을 과감히 버렸다. COVID-19 이전에 채용하던 과거의 기준으로는 더 이상 유능한 젊은 인재"를 필터링하여 뽑을 수 없다는 것을 알게 되었기 때문이다. 좋은 출신 학교, 높은 어학 점수, 인기 전공 학과, 다양한 스펙 등, 설사 이러한 기준으로 신입사원을 뽑는다 하더라도 그들 중 절반은 1년 남짓한 시점에 떠나버릴 것이 극명하기 때문이다. 그러니 당신이 문과생 취업 준비생이라면, 외국계 기업 입사 경쟁에서는 과거의 전통적 채용 기준이 무력화되었다는 것은 좋은 소식이 아닐 수 없다.

또 다른 좋은 변화는 외국계 기업들은 MZ 세대들의 선택을 받기 위해 새로운 워크플레이스Work Place을 과감히 도입하기 시작했다는 것이다.

이상하게 들릴지 모르지만, '취업을 준비하지만 출근을 주저하는 취업준비생'들을 위해서는 WFHWork From Home, 원격근무 형태의 일자리는 외국계 기업에서 급격히 늘기 시작했다. 이는 언택트 시대의 직원들을 배려한 시스템이기는 하지만, 기업에게도 비용 절감의 이익으로 돌아와 궁극적으로 외국계 기업들이 일자리 숫자를 늘이는 데에 기여하는 선순환을 가져왔다.

상당수의 외국계 기업들은 재택근무를 상시화해 놓았다. 대부분 기업들은 아예 전체 임직원 숫자의 50%~60%의 사무공간만 확보해 놓고 있다. 나머지 직원들은 상시재택 근무를 유지하거나, 일정 비율대로 출근과 재택의 순환 근무 형태로 일하는 것이다.

또 역시 이상하게 들리지만, '취업하고 싶지만 다른 사람들과 대면하여 일하기는 불편한' MZ 세대들을 위해서는 메타버스 metaverse 플랫폼이 도입된 외국계 기업도 많다. 근태 관리는 더 이상 직장에 9시 전에 도착했는지가 아니다. 업무 몰입도 역시 얼마나 오랫동안 노트북에 시선이 머물러 있는지도 아니다. 회사가 제공하는 메타버스 플랫폼에서 동료들과 대화하고, 아이디어를 만들고, 발표하고, 창의력 있는 콘텐츠를 쏟아내는 것이, 이제 일 잘하는 직원으로 평가받는 잣대가 된 것이다.

당신이 문과생으로서 외국계 기업의 취업준비생이라면 이러한 채용 기준과 환경의 변화를 이해하고 있어야 한다. 더 나아가 이에 본인이 맞는지를 스스로 평가해 보고, 취업 준비 과정에서 이에 대한 대비를 해야 한다. WeWork 같은 공유오피스에서 일하고, 메타버스 공간에서 자신의 사원 아바타로 직장 상사나 동료들과 대화하고, 때로는 휴가지에서도 자유롭게 일하는 근무환경Workcation Work & Vacation에 본인이 낯설지 않으며 적응할 수 있음을 입사 과정에서 입증해야 할 수도 있다.

MZ 세대 취업준비생들의 마음을 붙잡고, 가급적 오래 일하도록 만드려는 외국계 기업이 투자한 플랫폼에 당신이 적합하지 않다면, 인사담당자는 이러한 환경이 당신에게 충분히 동기부여하지 못한다고 생각할 수도 있다.

게임의 룰이 바뀐 시장으로 가라. 당신이 그것을 좋아할 수도 낯설어 할 수도 있지만, 이미 외국계 기업들은 이것들을 바꾸어 놓았다. 이렇게 해야 진정한 탤런트들을 채용하고 유지할 수 있다는 것을, 다국적 기업들은 이미 다른 나라의 여러 사업장에서 검증했기 때문이다.

그곳에서는 당신의 스토리, 경험, 네트워크, 취미, 포부와 비전이 경쟁력이다. 이렇게 일하는 방식이 외국계 기업의 취업을 준비하는 당신에게 적합하다고 생각하다면 당신은 이미 훌륭한 신입사원 입사 후보자이다.

당신이 경력자라면

국내 대기업인 A전자에서 경쟁사인 B전자로, 통신사인 C텔레콤에서 D텔레콤으로, E신용카드사에서 F신용카드사로, G은행에서 H은행으로 자유롭게 옮겨다니는 직장인 이야기들을 본적이 있는가? 혹은 A전자에서 F신용카드사나, C텔레콤에서 H은행으로, 산업과 업종을 뛰어 넘어 이직에 성공하는 직장인들의 이야기들을 들어본 적이 있는가? 아마도 거의 없을 것이다. 한국의 공채, 연공서열, 국내 대기업들 간의 맞수 경쟁은 이러한 유연성을 허용하지 않는다. 언젠가 관리자급이나 임원급으로 옮길 기회가 있겠지만, 이는 치열한 생존 경쟁을 거쳐 명퇴를 강요받지 않을 정도로 성공한 아주 극소수 직장인들에 대한 이야기일 뿐이다.

그러나 경쟁사간의 이동이나 업종과 산업 간의 이동은 외국계 기업에서는 늘 일어나는 일이다. 주니어나 팀장급, 임원 등 직급을 가리지 않는다. 국내 기업들에서는 불가능한 일이 어떻게 외국계 기업에서는 가능할까? 그 답은 이미 앞서 보았듯이 외국계들은 스페셜리스트가 아닌 제너럴리스트를 채용하고 양성하는 인사 문화를 갖고 있는 것에서 찾을 수 있다.

다국적 기업들이 다른 나라로 진출할 때는 필연적으로 막대한 리스크를 진다. 최대한 단기간 내에 이윤을 창출해야 하고, 그 나라의 문화와 제도, 경영 환경에 적응하면서 지속 성장의 발판을 마련해야 한다. 이 때문에 최우선적으로 현지 인재의 채용이 가장 중요할 수밖에 없다. 특별한 기술을 요하지 않는 대부분의 직무(인사, 영업, 마케팅, 구매, 재무, 법무 등)에서 제너럴리스트를 채용하는 이유는 이러한 리스크 하에서의 범용성 때문이다. 제너럴리스트는 결국 멀티플레이어의 다른 이름이다. 여러 직무에 다양면으로 활용될 가능성이 높은 사람을 채용해야 회사의 리스크를 최소화할 수 있다.

이렇게 제너럴리스트, 혹은 멀티플레이어로 양성된 외국계 기업의 경력자는 이직의 기회가 압도적으로 많다. 맞수, 주력 경쟁사 개념이 없는 외국계 기업에서는 더 좋은 처우를 받으면서 직접적인 경쟁사로 이직하는 경우가 잦다. 또한, 산업과 업종을 가리지도 않는다. 지금까지 독일 다국적기업에 근무했다면, 프랑스 자동차 회사로 이직하는 것도 자연스럽다.

앞서 보았듯이 외국계 기업에서는 이직도 덕목이며, 능력이고, 경쟁력이다. 글로벌 기업들은 호시탐탐 서로 경쟁사들의 인재를 노린다. '어디 감히 우리 회사에 OO맨을 들여?' 같은 꼰대식 채용 마인드가 애초에 있을 수 없다.

필자와 함께 일했던 Grace 과장은, 외국계 보험회사에서 경력을 시작했지만 이후 IBM과 마이크로스프트, 컨설팅 회사를 거쳐 지금은 외국계 은행에서 근무하고 있다. 마케팅이라는 같은 직무에서의 수직 이동이다. 반면에, K 상무는 다국적 화학기업이 한국에 법인을 설립할 때부터 지금까지 27년간 외국계 기업 1곳에서 근무해 왔다. 그는 곧 설립될 동남아시아의 지사장으로 갈 예정이다. 한국에서 오랫동안 영업관리, 마케팅, 유통, 생산관리 등의 제반 업무를 두루두루 경험한 그를 본사는 새로운 해외 현지 법인의 대표이사로 발탁한 것이다.

외국계 기업에서의 이직은 본인이 선택하는 문제이지만, 국내 기업과는 다른 분명한 장점들이 있다.

첫째, 잦은 이직이 새로운 회사의 입사에 장애가 되지 않는다.

둘째, 대부분의 이직 과정에서 더 높은 보수와 직책를 보장받는다. 특히, 동종 업계의 경쟁사로 가는 경우는 종종 파격적인 연봉 인상과 인센티브가 뒤따르기도 한다.

셋째, 이직을 통하여 국내 기업에서는 갖기 쉽지 않은 광범위한 인적 네트워크를 갖게 된다.

넷째, 이직 자체가 본인의 경력 개발이 된다. 더 많은 기업과 더 많은 직무에서의 경험은 그 자체로 더 많은 기회를 제공한다.

다섯째, 해외로의 이직과 취업의 문이 국내 기업과 비교하여 매우 넓다. 외국계 기업은 대부분 입사할 때는 물론 상시적으로 근로자들의 해외근무 의사Availability of Mobility를 묻고 꾸준히 내부 채용 공고를 제공한다.

국내 기업에 오랫동안 근무한 경력자들의 경우, 외국계 기업에서의 문화가 낯설거나 영어에 대한 걱정이 앞서는 경우가 많다. 그러나 일단 외국계 기업에 발을 들여 놓으면 이러한 모든 것들 것 기우였다는 것을 아는 데에는 시간이 오래 걸리지 않는다.

영어 문제나 외국인과의 업무 등은 모든 외국계 기업에 근무하는 한국인 직원들이 갖는 공통된 이슈이다. 업무 현장에서는 거의 문제가 되는 일이 없다.

한국 기업에 비해 고용 안정성이 낮을 것이라는 인식이 있지만 전혀 사실이 아니다. 60세가 넘어서 일하는 동료들을 보는 일이 외국계 기업에서는 흔하다. 심지어 정년퇴직을 하고, 1~2년 단위로 회사와 계약하여 일하는 경우도 다반사이다. 소위 '사오정', '오륙도'는 대부분 한국 기업들에서 나타나는 현상들이다. 무엇보다 다국적 기업들이 갖는 현지 법인에서의 노동법이나 근로기준법에 대한 준법정신은 투철하다.

외국계 기업은 한국 시장과 고객, 경영 환경에 대한 이해도가 높은 한국 기업에서의 경력자들을 우대할 수밖에 없다. 경력자들은 당장 성과를 낼 가능성이 높기 때문이다. 다만 필자를 비롯한 주변의 외국계 기업 임원들은 너무 오랫동안 한국 기업에서만 근무한 경력자는 회피하는 성향이 없지 않다. 이미 십수 년 동안 국내 기업에 근무했다면 업무 스타일이나 일하는 방식이 다국적 기업의 스탠다드로 변화하기 어렵기 때문이라는 인식이 있기 때문이다. 따라서 딱 언제라고 잘라 말할 수는 없지만, 더 늦기 전에 외국계 기업을 경험하는 편이 낫다. 여의치 않다면 다양한 환경에 적응 가능성이 높다는 점을 어필하면 좋을 것이다.

외국계 기업은 한국 기업에서 성공적으로 쌓아온 당신의 경력을 기꺼이 높이 살 것이다.

당신이 이미 외국계 기업 직원이라면

"헬렌Hellen, 그룹 본사에서 이 중요한 프로젝트의 PMOProject Managing Officer로 당신을 선임하려는 것은, 당신의 경력에 있어 더없이 좋은 기회가 될 것입니다. 그런데 왜 이를 거절하는 겁니까?"

헬렌은 글로벌 물류회사의 한국 법인에서 5년간 일하면서 현장 경험과 성과를 인정받아, 한국에서의 성공 사례를 동북아 전체 나라들로 확장하는 글로벌 프로젝트의 PMO로 임명될 것이라는 소식을 들었다. 며칠간 고민한 끝에 그녀는 담당 임원을 찾아가 자신이 이 역할 확장 제안을 받아들일 수 없다는 뜻을 어렵사리 꺼냈다.

"죄송합니다. 제가 몇 년 전 상황이라면 기쁘게 제안을 받아

들였겠지만, 지금은 둘째까지 막 취학해야 하는 참이라, 가정과 업무 둘 다를 잘해 내기가 쉽지 않을 것 같습니다."

헬렌이 수년간 다니던 국내 대기업에서 외국계 기업으로 이직했던 이유는, 자신의 성공적인 경력보다는 직장 생활과 육아를 적절히 병행할 수 있는 워라밸Work & Life Balance에 방점을 두었기 때문이었다.

글로벌 PMO라는 포지션은, 향후 자신의 경력을 해외로 확장하고, 추후 그룹 본사나 다른 지역 본부에서 중요한 역할을 맡을 수 있는 절호의 기회이기도 했다. 그러나 잦은 해외 출장, 나라별로 시차를 넘나드는 컨퍼런스 콜, 업무 외에 별도 시간을 들여 공부해야 할 분량 등을 생각하면, 도저히 육아와 병행하기는 어렵다는 결론을 스스로 내린 것이다. 그녀가 당초 국내 대기업에서의 간부 사원 승진을 앞두고 기꺼이 외국계 기업으로 이직한 이유를 생각한다면, 그녀의 제안 거절은 오히려 자연스러운 일이기도 했다.

헬렌과 마찬가지의 많은 경우에 있어서, 외국계 기업에서의 성공이 모두 낭만적이지만은 않다. 한국 법인은 현지 법인, 지점, 대리점, 영업소 등 다양한 형태를 띄고 있더라고 필연적으로 해외 그룹 본사의 일원이므로, 어느 정도의 경력이 수준에 이르면 해외 프로젝트에 참여하거나 해외 발령, 각국 나라들과의 협업 프로젝트, 국가 간의 공동 사업에 투입되는 것은 일상다반사이다. 국경과 시차를 넘나들어 해외의 많은 동료, 클라이언트들과 일하는 것을 경력 개발의 장점으로 여기고 오히려 원하는 경우도 많지만, 그 반대인 경우도 부지기일 수밖에 없다. 특히, 본인이 글로벌 인재로 성장하고 싶은 이유에서가 아니라, 보상, 경험, 워라밸 충족 등 다른 이유로 '어쩌다 외국계 기업 직원'이 된 경우에서는 더욱 그러할 것이다.

따라서 외국계 기업에 입사하게 될 때 향후 마주하게 될 이러한 현실에 내가 어떻게 대응해야 할지에 대해서도 미리 염두해 둘 필요가 있다. 많은 사람들에게는 그러지 않을 수 있지만, 어떤 사람들에게는 장기간의 해외 체류, 국가별 순환 근무, 해외 법인들과의 협업 등이 곤욕스럽거나, 최소한 본인의 일상생활과 타이밍이 맞지 않는 경우도 있다.

헬렌의 경우, 그로부터 약 3년 후에 글로벌 프로젝트 PMO 직을 수락했으며, 아예 호주 법인으로 옮겨서 역할을 수행하게 되었다는 소식을 전해 주었다. 남편 등 가족들의 전폭 지원 하에서 가능하게 된 것이기도 했지만, 헬렌의 능력을 높이 평가한 회사에서 그녀가 업무를 수행할 호주로 자녀들까지 함께 가기로 한 그녀의 결정에 회사 차원에서의 지원과 지지를 아끼지 않았기 때문이었다.

5

나는 외국계 기업에 맞는 인재인가

C.A.P에서 답 찾기

“저는 Ben이 작년에 달성한 성과는 물론, 그가 그동안 팀과 회사에 했던 기여들, 특히 그가 회사 내에서 분석 분야에서는 가장 뛰어난 전문가라는 점을 고려하면 마땅히 이번에 승진해야 한다고 생각합니다. 저는 승진 추천 위원회Talent Promotion Committee에서 Ben을 임원 후보에서 제외한 점이 솔직히 납득되지 않습니다.”

“전무님 말씀대로, Ben이 업계에서도 손꼽히는 전문가이고, 그동안 회사에 공헌한 점 등을 부인하는 Committee의 위원들은 아무도 없었습니다. 그러나 Ben은 리더로서의 자질 검증에는 좀 더 시간이 필요하다는 데에 모두가 의견이 일치했습니다. 인사부의 보고서에 따르면, Ben은 피플 리더People Leader보다는 개인적 기여자Individual Contributor로 남고 싶어 했습니다. 결론적으로 본인이 향후 회사의 리더십 팀에 합류하는 것에 관심이 없다고 판단하였습니다.”

결국, 유능한 직원으로 평가받는 Ben은 능력Capability과 성과Performance는 뛰어났지만, 열망Aspiration 부분에서는 낙제점을 받고 만 것이다. 외국계 기업에서 성공하기로 결심한 그 순간부터 당신은 아래 CAP 삼각형을 잊어서는 안 된다.

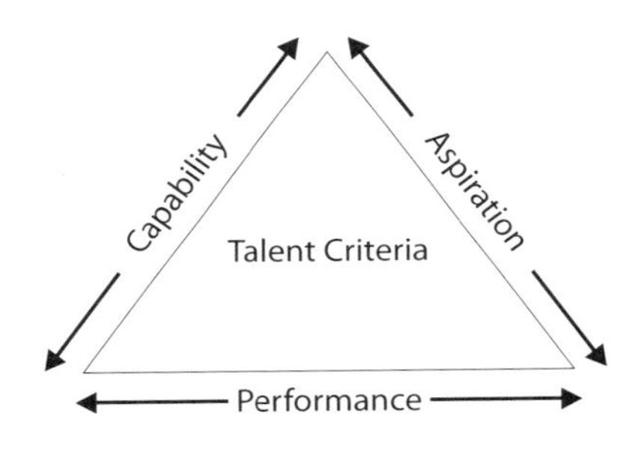

입사 준비를 위한 이력서를 작성할 때, 다른 사람에게 추천서를 부탁할 때, 채용 관계자와 대화할 때, 실제 인터뷰 자리에 나가게 될 때, 해외 근무를 지원하여 글로벌 본사 HR와 이야기하게 될 때, 인사 평가 시즌마다, 링크드인LinkedIn 같은 비즈니스 SNS 플랫폼에 당신을 표현할 때 등등, 모든 순간마다 당신의 머리 속에 이 삼각형이 각인되어 있기를 바란다. 당신이 취업 준비생이든, 외국계 기업으로 이직을 희망하는 경력자이든 이 삼각형은 당신을 가

장 간결하게, 그러나 강력하게 표현해 줄 수는 징표가 될 것이다.

능력Capability, 열망Aspiration, 성과Performance 이 세 가지는 글로벌 기업에서 인재를 평가하고 발탁하고 양성하는 가장 중요한 기준이라고 해도 과언이 아니다.

물론 회사에 따라 다르게 표현되거나, 다른 요소들이 포함되기도 한다. 가령, 목표달성KPI Achievement, 잠재력Potential, 리더십Leadership, 관리능력Mamagement Skill, 의사소통Comminication 등이 있을 수 있겠다. 그러나 필자가 근무해 왔던 다국적 기업들과, 다양한 리더십 개발 교육에 참가해 본 경험을 토대로, 다국적 기업에서의 개인 역량의 핵심은 C.A.P라는 세 가지 요소로 축약된다고 할 수 있다.

필자는 23년간 외국계 기업에 근무하면서 이 삼각형을 셀 수도 없이 꺼낸다. 직원이나 팀장들을 인사 평가 시즌에도 말할 나위도 없고, 신입사원 채용 시, 인턴 사원의 정규직 전환 평가 때, 새로운 팀을 꾸리고 리더와 팀원들을 발탁할 때, 심지어 사업 파트너를 고를 때나, 필자가 이직하여 함께 일할 직속 상사(CEO

를 포함한)를 평가할 때도 이 삼각형을 머리속에서 끄집어낸다.

외국계 회사를 다니며 유심히 관찰해 본 바에 따르면, 외국계 기업들의 CEO나 CHRO Chief Human Resource Officer, 다른 C-Level의 고위 임원들 역시 다르지 않다. 표현은 다르지만, 그들 역시 직원들과 리더를 평가할 때 결국 이 삼각형 테두리 내에서 나오는 데이터와 질문에 집중한다. 많은 순간, 수많은 인재들을 평가하는 질문은 결국 이 CAP 삼각형의 세 가지 질문으로 요약된다.

이 사람은 이 일을 감당할 능력과 잠재력이 있는가?
그 능력은 과거 성과로 입증된 적이 있는가?
스스로에게 성공에 대한 열망과 열정이 있는가?

이에 대한 모든 답을 이 삼각형에서 찾을 수 있다. 표현과 포함된 요체들은 약간씩 다를 수 있지만, 거의 모든 글로벌 기업들의 평가 기준은 이 삼각형이라고 단언할 수 있다. 반면, 이 삼각형 안에 포함될 수 없음이 명백한 요소들은 충성심, 열심히 일하기, 상명하복, 애사심 같은 것들일 것이다. 따라서 슬기로운 외국계 기업 입사 전략은 결국 CAP 삼각형에 집중하는 것이다.

6

외국계 기업 세계의 용어들

외국계 기업들이 국내 기업들과 다르게 범용적으로 사용하는 용어들은 어떠한 것들이 있을까? 이를 살펴보고 이해하는 것만으로도 외국계 기업들의 조직 문화, 의사 결정 체계, 가치관, 업무와 사업 추진의 차별성을 알아보는 데에 큰 도움이 된다.

실제로 외국계 기업 생활에서 맞닥뜨릴 여러 가지 상황 속에서 자주 활용되는 용어들은 다음과 같다.

"Matthew 후보자님, 요청 드린 최종 CV는, Employee Non-Disclosure Form을 첨부하셔서 5월 3일 EOD까지 보내주시면 됩니다. 저희가 Credential 검증과 Reference Check 절차를 끝내게 되면 Offer Letter를 보내 드릴 예정인데, 전체 Package에는 ABS 외에도 STI, LTI와 기타 Beneficial Compensation이 포함

될 예정입니다. 저희에게 요청하셨던 Buy-Out Award는 Forfeit 조항이 있으며, RSU 역시 Restriction 조건이 있으니 참고해 주시기 바랍니다. 추후 더 궁금하신 점에 대해서는 On Boarding 과정에서 C&B 파트의 담당 BP가 세부적으로 설명드릴 예정입니다."

CV: Curriculum Vitae, 통상 이력서를 의미하여 외국계 기업에서는 'Resume'보다 더 자주 사용한다.

Employee Non-Disclosure Form: 이른바 '직원 비밀준수 서약서'인데, 회사에 따라 'Employee Disclosure Form'로 표기하기도 한다. 여기에는 회사의 규정, 취업규칙, 윤리기준, 행동 가이드 라인 등을 준수하겠다는 조항과 아울러, 근무 중 취득한 사실이나 본인의 채용 조건 등을 제3자에게 발설하지 않겠다는 서약이 포함되어 있다. 입사 이전에 서명하여 제출한다.

EOD: End Of Date. '오늘 중에(끝내야 할 일)'이라는 의미로, "오늘 안으로만 이 업무를 끝내주시면 내일 아침부터 제가 검토할게요"라는 뜻을 함양하는 경우가 많다.

Credential: 이력서에 기재한 모든 학력, 학위, 증명서, 자격증 등을 의미하여, 입사 과정에서 이를 Background Check Agency학력/경력 조회 대행사에 맡겨 검증하는 경우가 많다. 이를 위해 입사지원자는 광범위한 개인정보제공 및 활용 동의서를 대행사에 제출한다.

Reference Check: 입사지원자에 대한 평판 조회, 과거에는 입사지원자 본인이 Referral Person본인의 경력이나 자질에 대해 평가해 줄 만한 사람을 지정하는 Opening Reference Check가 많았지만, 최근에는 평판조회 회사에서 직접 지원자에 대해 객관적이고 냉철한 평가를 해준 사람을 직접 찾는 Blind Reference Check가 크게 늘었다.

Offer Letter with Package: 면접, 인터뷰, 입사지원자와의 고용 조건 논의 등을 통하여 회사가 제시하는 전체적인 보상 체계. 연봉, 인센티브, 특별보너스, 스톡옵션 등 총체적인 내용을 담고 있으며, 처우 협상을 위한 문서화된 공식적인 출발점이기도 한다.

ABS: Annual Basic Salary, 기본 연봉 금액

STI: Short-Term Incentive, 매년 혹은 매 분기, 매월 지급되는 인센티브 금액. 통상적으로 성과 기준이 된다.

LTI: Long-Term Incentive, 장기 인센티브. 현금뿐 아니라 주식, 스톡옵션, Matching Bonus 등 다양한 형태가 있으며, 통상 3년 이후부터 지급되는 경우가 많다.

Beneficial Compensation: 현금이나 현금성 이외의 추가 보상. 복리후생, 휴가일수, 리스 차량·법인카드·핸드폰 요금 지불 등의 업무 지원, 교육 지원 프로그램 등

Buy-Out Award(with Forfeit): 입사지원자가 현직 회사의 근무를 포기하고 입사하게 됨에 따라 입는 금전적 손실을 회

사가 일부 혹은 전부를 보상해 주는 것. 예를 들어, 입사지원자가 직전 회사에서 받은 사이닝 보너스Signing Bonus를 포기하고 이동함에 따라, 그만큼의 금액을 입사할 회사에서 보존하여 입사지원자의 금전적 손실을 만회해 주는 경우. 몰수 규정Forfeit이 통상 따라붙는다. 예를들면 새로 입사할 회사에서도 이를 보전해 주는 대신 최소 근무 기간을 요구하고 미달 시에 전액일부 환수한다.

RSU(with Restriction): Restricted Stock Units, 제한조건부 주식. 한국의 스톡옵션주식매수선택권과는 달리, 최소행사기간이 없고, 무상제공이 가능하며, 현금으로도 지급가능하다는 장점이 있다. 그러나 부여받더라도 이를 실현Grant-out하기 위해서는 회사와 개인 모두 사전에 정한 성과에 도달해야 한다는 전제조건이 있다.

On-Boarding: 채용 확정 후 입사하여, 수습기간Probation Period까지 마치는 일련의 과정.

C&B: Compensation & Benefits. 인사부의 보상 담당 부서.

BP: HR Business Partner. 직원 개개인의 입사 전반 절차처우를 담당하는 인사부 산하 팀 혹은 직원. 협상, 서류 관리, 첫 출근을 위한 제반 준비, 입사지원자의 각종 질의 대응 등을 모두 포함한다.

"이 Steering Committee 에는 N-1들과 Sponsor, PM, PMO 가 참석하며, 사안에 따라 TFT 중 일부는 초대될 수 있습니다.

미팅 Material은 WBR을 주로 활용하되, 각 Work Stream 별 Owner가 Follow-up, Key Driver, Action Plan 순서로 보고합니다. Kick-off 이후에는, TFT를 해산하고 Agile 팀을 구성할 예정입니다."

Steering Committee: 운영위원회, 외국계 기업들은 사안 별로 각각 별도의 의사 결정 기구를 만들어 중요한 프로젝트, 이슈, 사업 목표에 유연하게 대응한다. 기존 직제와는 별도로이다. 사안 별로 만들어진 의사결정기구는 대개 한시적으로 운영되며, 조직 구성원들은 현 직책 외에 별도의 역할과 책임, 권한을 부여받는다.

N-1: CEO에게 직접 보고하는 직급, 통상 C Level Executives, 고위 임원과 회사의 필요에 따라 CEO 직속 라인에 포함되는 이들 구성원을 이르는 말이다. N-2는 C Level에게 보고하는 임원, 팀장 등을 통칭한다.

Sponsor: 프로젝트, 사업 과제를 설정하고 이의 진행과 결과에 대해 최종 보고를 받는 사람이며, 통상 고위 임원 중 한 명이거나 한국 현지 법인 대표이사, 때로는 대륙별 지역 사장이 될 수도 있다. 필요한 리소스를 동원하거나 사업의 변경, 최종 승인 등의 총 책임을 진다.

PM, PMO: 각 'Project Manager', 'Project Managing Officer'의 머리글자를 딴 것이다. 두 용어 모두 프로젝트 매니저이므로 비슷하게 사용되는 경우가 많으나, PMO는 PM의 상위 개념으로 전체적인 프로젝트의 진행 과정의 일정, 자원, 품질 관리 등의 관리 감독자를 의미하는 경우가 많다.

TFT: Task Force Team, 즉 프로젝트 팀이다.

WBR: Weekly Business Review, 주간 단위로 작성하는 보고서로, 특정 사업의 공정표라고 할 수 있다. 아이템별 진도, 필요 자원, 이슈 등이 일목요연하게 정리되며 매주 배포된다.

Work Stream 별 Owner: 각 사업 추진 아이템별 책임자, 두루뭉술하게 특정 부서가 들어가는 대신에 책임자 개개인의 이름이 들어간다. 대규모 외국계 기업이라 하더라도, 각 사업 아이템의 Owner는 1명으로 지정되며, 그 Owner가 부서장이거나 임원이라면 그를 돕고 지원하는 부서원은 자원Resource으로 별도 명기된다. 추진 주체의 책임과 권한을 명확하게 표현하여 향후 공과를 평가할 때도 직관적일 수밖에 없다.

Agile 팀: Agile Team, 애자일 조직. 원래는 소프트웨어 개발 방법론에서 비롯된 용어로, '빠르고 민첩하며, 기민하게 대응한다'라는 의미를 가지고 있다. 기존 전통적인 기업에서의 '폭포수Waterfall 방법론'에서 처음부터 끝까지의 계획을 수립하고 개발하는 것과 달리 개발과 함께 즉시 피드백을 받아서, 변화 요인을 즉각적으로 반영하고 유동적으로 사업이나 프로젝트를 진행하는 모델이다. 수평적 조직 문화와 커뮤니케이션 중시 업무 환경, 다양한 국적과 인종, 경력자들의 국가 간, 대륙 간으로도 협력해야 하는 대다수 외국계 기업들에서는 2020년 이후부터 새로운 조직 문화로 자리 잡았다. 애자일 조직의 취지와 목적을 아래 '애자일 선언문'을 통해 확인해 보자.

- 공정과 도구보다 개인과 상호작용을
- 포괄적인 문서보다 작동하는 소프트웨어를
- 계약 협상보다 고객과의 협력을
- 계획을 따르기보다 변화에 대응하기를[16]

"Dear All,

FYI. 금번 Conference에 대한 Itinerary를 첨부와 같이 보내드립니다. Agenda는 별도로 내일 EOB까지 제공될 예정입니다. Convention Event가 아닌 점을 고려하여, 이에 따른 Per Diem 등은 T/E Policy를 참고하여 주시기 바랍니다. 양 이틀간에 Group Dinner와 Team Building Activity가 있으니, 각자 RSVP에 대한 회신을 부탁드립니다. Pre-Reading Material로 Best Practice Sharing도 같이 첨부합니다."

16. "애자일 소프트웨어 개발 선언", https://agilemanifesto.org/iso/ko/manifesto.html, (검색일2023년 3월21일).3

FYI: For Your Information, 통상 공지문이나 이메일에 특정 정보를 담고 있음을 알릴 때 쓴다.

Conference: 통상 해외에서 열리는 미팅, 서밋 등을 통칭한다.

Convention Event: 인센티브 투어, 포상을 위한 해외 행사 등을 의미한다. 논의 주제와 다양한 미팅 일정이 포함되어 있는 Conference와는 구분하여 사용한다.

Per Diem: 원래의 사전적 의미는 국제선 항공 승무원들의 해외 체류비이지만, 외국계 기업에서 '해외 출장 일당'이라는 개념으로 널리 쓰인다. 일반적으로 해외 출장 시의 현지 교통비, 식비, 기타 부대 비용세탁비, 잡비 등의 개인당 한도가 정해져 있다.

T/E Policy: Travel and Entertainment. 일반적으로 외국계 기업들의 경비처리규정이다. 출장비, 교통비, 접대비, 부서 운영비, 교육 훈련비 등의 팀별, 개인별 경비 사용 한도와 규정을 담고 있다.

RSVP: 'Rpondez s'il vous plait'라는 프랑스어에서 따왔다. 이제는 일상생활에서도 자주 활용되는, "보내드린 초대에 응할지 여부에 대하여 언제까지 어떤 방법으로 회신해 주십시오"라는 의미이다. 해외 출장, 이벤트 참석 시에 있는 다양한 식사나 개별 행사에 참석할지 여부를 알려 달라는 요청이 사전에 이메일 등으로 배포된다.

"'Smart Office' 제도를 확대함에 따라, 향후 Hot Desk 활용이 확대될 예정입니다. Hot Desk 사용 대상자를 기존 Regular Employee에서 향후에는 Expat, Dispatch, WFH 근무자까지로 확대됩니다. 이의 활성화를 위하여 각 Direct 및 Metrix 라인 모두 사용 현황을 모니터링하여 지정된 공유 폴더에 정기적으로 업로드하여 주시기 바랍니다"

Smart Office: 전통적인 대면 근무 문화Face to Face에서 벗어나 새롭게 도입된 근무 형태제도들과 이를 지원하기 위한 유무형의 근무 환경 시스템을 통칭한다. 유연 근무제Flexible Working Time, 선택적 시간 근로, 원격근무, 거점오피스 근무제도 등 다양한 형태의 근무 문화가 외국계 기업들이 새로운 트렌드로 이미 자리 잡았다.

Hot Desk: 공용 책상. 정해진 사무실이나 책상 없이, 미리 원하는 사무실이나 자리를 그때그때 예약하여 사용함으로써, 공간 효율과 협업 등을 극대화하기 위해 광범위하게 도입되어 있다.

Regular Employee: 정규직원. 회사에 따라 2년 이상 계약직원을 포함하기도 한다.

Expat: Expatriate, 해외주재원을 이르는 말. 한국에서 근무하고 있는 다국적 기업 본사 혹은 다른 해외 법인의 외국인 직원 등을 통칭한다.

Dispatch: 파견계약직 직원이라는 의미로, 본사 소속 직원과 구분해야 할 때 제한적으로 사용된다.

WFH: Working from Home, 재택근무.

Metrix 라인: Metrix Line. 외국계 기업들은 피라미드 구조의 수직계열인 Direct Reporting Line외에, 기능Function별로의 별도의 보고 체계를 갖추어, 상호 협력 및 관리하게끔 하는 경우가 많다. 예를 들면, 한국 법인의 재무팀장은 재무담당 임원과 CFO에게 다이렉트로 보고하지만, 동시에 CROChief Risk Office에게 메트릭스 보고 의무를 가지며, CRO는 재무팀장에 대한 직무 감독 의무가 부여된다.

곧 죽어도 외국계 기업으로 가라

초판인쇄 2023년 9월 29일
초판발행 2023년 9월 29일

지은이 카를
발행인 채종준

출판총괄 박능원
책임편집 유나
디자인 홍은표
마케팅 전예리
전자책 정담자리
국제업무 채보라

브랜드 이담북스
주소 경기도 파주시 회동길 230 (문발동)
투고문의 ksibook13@kstudy.com

발행처 한국학술정보(주)
출판신고 2003년 9월 25일 제406-2003-000012호
인쇄 북토리

ISBN 979-11-6983-682-1 13320

이담북스는 한국학술정보(주)의 학술/학습도서 출판 브랜드입니다.
이 시대 꼭 필요한 것만 담아 독자와 함께 공유한다는 의미를 나타냈습니다.
다양한 분야 전문가의 지식과 경험을 고스란히 전해 배움의 즐거움을 선물하는 책을 만들고자 합니다.